과학은 쉽다!

★ 초등학교 과학 교과서와 함께 봐요!

과학 3-2   감염병과 건강한 생활
과학 4-1   다양한 생물과 우리 생활
과학 6-2   우리 몸의 구조와 기능

* 3~6학년 과학 교과서는 출판사별로 교과 단원 순서가 달라, 순번을 표기하지 않았습니다.
  교과 연계 단원은 책의 발행 연도 기준으로 넣었습니다.

유전과 DNA

김정훈 글·박우희 그림

비룡소

차례

1 모든 생물은 세포로 이루어져 있어 알기 쉬운 세포 이야기

새끼 고양이들의 아빠는 누구? · 08 자식은 어떻게 부모를 닮을까? · 10
단세포 생물과 다세포 생물 · 12 생쥐 세포와 코끼리 세포의 크기 · 14
다양한 세포의 모양 · 16 우리 몸속 세포는 어디에서 시작될까? · 18

더 알아보기 현미경의 발전과 세포 관찰의 역사 · 20 도전! 퀴즈 왕 · 23
질문 있어요! 세상에서 가장 큰 세포는 뭐예요? · 24

2 유전 물질의 정체를 밝혀라 유전 물질을 알아내기까지

유전의 비밀을 밝히고 싶었던 수도사 · 26 유전의 원리는 정말 유용해 · 28
완두에서 찾은 유전의 비밀 · 30 혈액형에도 우성, 열성이 있다고? · 32
유전 물질을 밝힌 역사적인 실험 · 34

더 알아보기 멘델의 유전 법칙 · 36 도전! 퀴즈 왕 · 39
질문 있어요! 잡종이 더 건강하다는 게 사실인가요? · 40

3 DNA는 어떻게 유전을 일으킬까? DNA의 모든 것

DNA의 구조를 밝힌 과학자들 • 42   DNA는 어떻게 생겼을까? • 44
DNA는 설계도, 단백질은 일꾼 • 46   DNA가 정보를 저장하는 방법 • 48
똑같은 설계도, 그러나 다른 세포 • 50

더 알아보기 DNA, 염색체, 유전자, 게놈 완벽 이해하기 • 52   **도전! 퀴즈 왕** • 55
질문 있어요! DNA가 없는 생물도 있나요? • 56

4 정자, 난자에서 인간이 되기까지 우리는 세상에서 하나뿐인 존재

세포와 온라인 게임의 닮은 점 • 58   난자, 정자가 다른 세포와 다른 이유 • 60
형제자매이지만 다른 이유 • 62   세포 수만큼 DNA도 늘어나 • 64
세포 분열과 세포 분화 • 66   분화가 일어나기 전의 세포 • 68

더 알아보기 일란성 쌍둥이의 비밀 • 70   **도전! 퀴즈 왕** • 73
질문 있어요! 세포 분열은 언제까지 일어나나요? • 74

5 신의 영역에 간섭하기 유전자 기술의 요모조모

유전자 재조합 기술과 동물 복제 • 76   DNA에서 유전자 찾기 • 78
원하는 유전자를 DNA에 넣기 • 80   농작물에 유전자 기술 활용하기 • 82
치료제 생산에 유전자 기술 활용하기 • 84   불치병 치료에 유전자 기술 활용하기 • 86
동물 복제에 유전자 기술 활용하기 • 88

더 알아보기 유전자 편집으로 태어난 아기가 있다고? • 90   **도전! 퀴즈 왕** • 93
질문 있어요! 인간 복제가 현실이 되면 무서울 거 같은데, 왜 연구하는 거예요? • 94

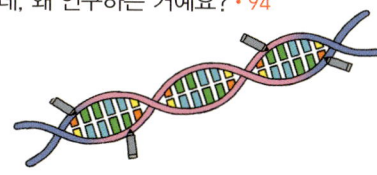

① 모든 생물은 세포로 이루어져 있어

알기 쉬운 세포 이야기

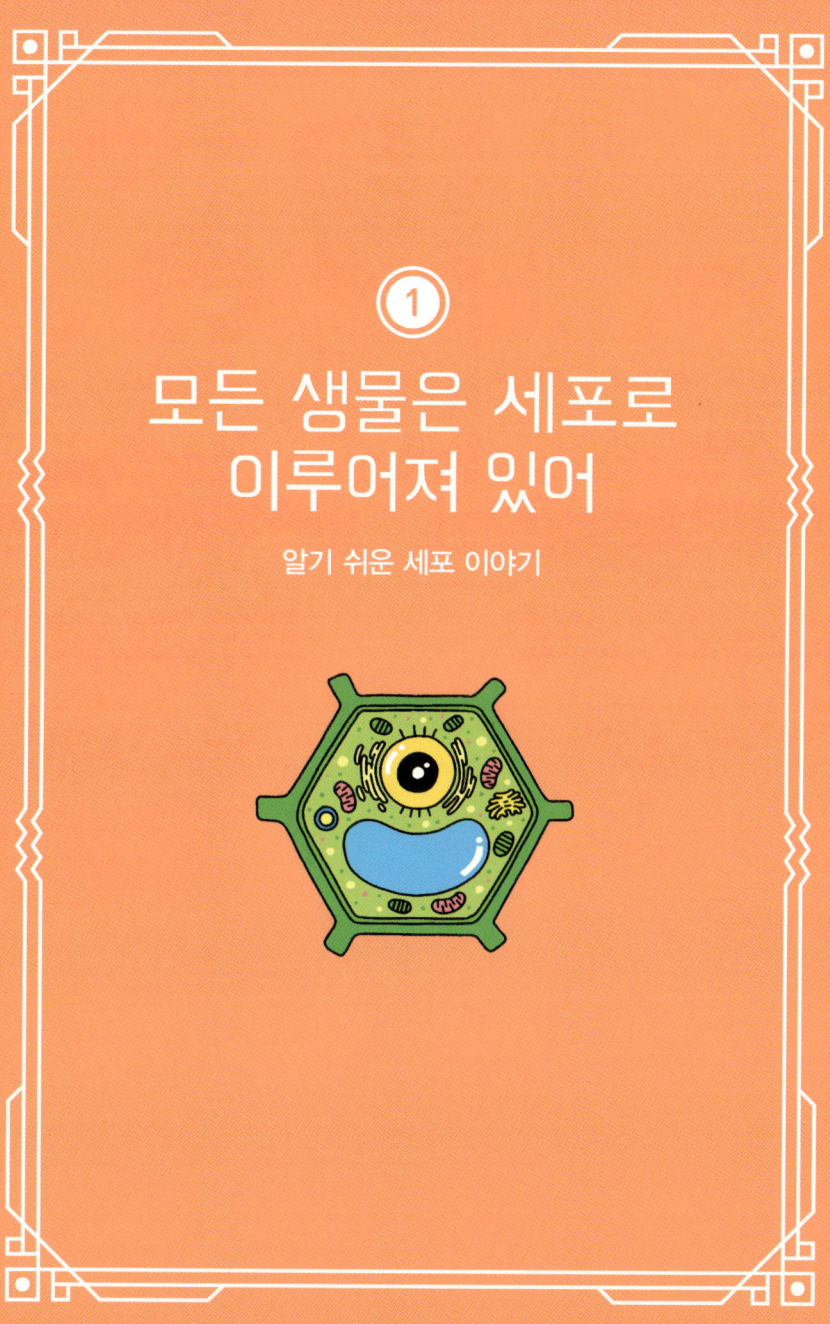

 # 새끼 고양이들의 아빠는 누구?

자식은 어떻게 부모를 닮을까?

예주네 새끼 고양이들이 엄마 아빠를 쏙 빼닮은 모양이야! 이처럼 모든 생물은 자신의 특징을 후손에게 물려줘. 텔레비전을 보면 유명한 운동선수의 자녀들이 부모와 같은 종목에서 실력을 발휘하는 경우가 많잖아? 그건 부모의 뛰어난 운동 능력을 자녀가 물려받았기 때문이야.

이렇게 운동 능력, 키, 피부색 등 저마다의 생물이 가지고 있는 특징을 **형질**이라고 해. 부모의 형질이 자식에게로 이어져서 자식이 부모를 닮게 되는 현상을 **유전**이라고 하지.

그런데 유전은 어떻게 일어나는 걸까? 모든 생물은 **세포**라는 기본 단위로 이루어져 있어. 우리 몸을 이루는 기본 바탕이자, 유전 현상이 일어나는 장소가 바로 이 세포야. 세포의 특징에 따라 생물의 특징이 결정되지.

예를 들어 우리 몸이 성장 호르몬을 많이 만들어 내는 뇌하수체 전엽 세포를 가졌다면 어떻게 될까? 키가 큰 사람이 되겠지? 검은 털을 만드는 모낭 세포를 가졌다면 검은 머리카락과 털이 날 거야. 소화 효소를 잘 만드는 분비 세포를 가졌다면 많이 먹어도 소화를 잘 시킬 수 있을 테고. 이런 예는 수도 없이 많아. 그러니까 유전 현상을 이해하려면 우리 몸을 구성하는 세포부터 이해해야 해.

단세포 생물과 다세포 생물

생물의 기본 단위인 세포는 그 본체인 생물을 닮았어. 과학자들은 생물이 무엇인지 정의하면서 생물이 공통으로 보이는 대표적인 특징을 세 가지 찾아냈어.

첫째, 생물은 영양물질을 만들거나 분해해서 에너지를 만들고, 불필요한 물질을 몸 밖으로 내보내는 활동을 해.

둘째, 생물은 다양한 환경 변화에 맞춰 몸을 일정하게 유지하려는 성질이 있어. 예를 들어 더운 여름이든 추운 겨울이든 우리 체온이 일정하게 유지되는 건 이런 특징 때문이야.

셋째, 모든 생물은 영원히 살 수 없기에 후손을 남기는 방식으로 개체를 유지해. 동물은 새끼를 낳고, 식물은 씨를 만들고, 세균은 몸을 절반으로 나누어 번식하지. 세포도 생물과 마찬가지로 이 세 가지 특징을 가지고 있단다.

어떤 생물은 세포 그 자체가 생물이야. 세포 하나로만 이루어진 생물이라서 홀로 단(單)자를 써서 **단세포 생물**이라고 불러. 아주 작은 세균이나 짚신벌레, 아메바 등이 여기에 속하지. 그럼 세포 여러 개로 된 생물은 뭐라고 부를까? 그래 맞아. 많을 다(多)자를 써서 **다세포 생물**이라고 불러.

자, 아래 표에서 단세포 생물과 다세포 생물을 구분해 볼까? 잘 몰라도 모양을 보고 짐작하면 맞힐 수 있을 거야.

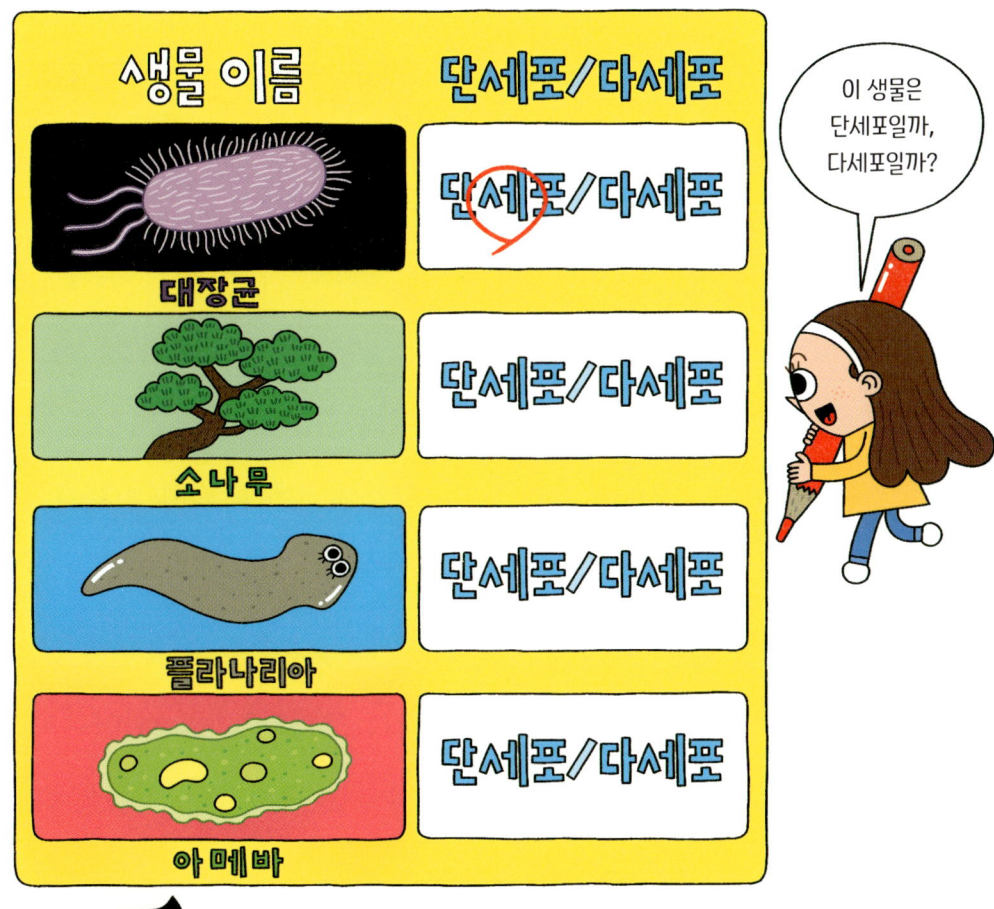

정답: (위에서부터) 단세포, 다세포, 다세포, 단세포

생쥐 세포와 코끼리 세포의 크기

세포의 크기는 생물의 종류와 상관없이 지름이 약 0.01~0.2밀리미터 정도로 일정해. 그러니까 몸집이 작은 생쥐라고 해서 세포 크기가 작고, 몸집이 큰 코끼리라고 해서 세포 크기가 크지 않다는 뜻이야. 그렇다면 세포 크기는 비슷한데 생쥐와 코끼리의 몸집은 왜 다를까? 그건 각 생물을 구성하는 세포의 수가 다르기 때문이야.

생물의 무게는 세포 수와 비례해. 무거울수록 세포 수가 많고, 가벼울수록 세포 수가 적은 거지. 사람의 세포 수가 약 30조 개이니까, 이 사실로 유추하면 생쥐와 코끼리의 세포 수를 짐작할 수 있어. 실제 실험을 통해 얻은 결과가 아니라 정확하지는 않지만, '이런 방법으로 각 동물의 세포 수를 짐작할 수 있구나.'라고 이해하면 좋겠어.

그런데 생물을 이루는 모든 세포가 크기가 같은 건 아니야. 예를 들어 사람의 몸에서 가장 큰 세포는 난자인데, 지름이 0.2밀리미터 정도야. 가장 작은 세포는 적혈구로 지름이 0.008밀리미터밖에 되지 않아. 이처럼 세포의 기능에 따라 세포의 크기가 조금씩 다르단다.

다양한 세포의 모양

현미경으로 양파 표피 세포를 관찰해 본 적 있니? 양파를 얇게 벗긴 다음 염색해서 현미경으로 보면 벽돌을 쌓아 올린 것처럼 층층이 쌓여 있는 **세포벽**과 그 안에 있는 둥그런 **핵**을 볼 수 있어. 이처럼 식물 세포에는 세포벽과 세포막이 있고, 그 안에 핵이 있어. 반면 동물 세포에는 **세포막**과 핵은 있지만 세포벽은 없지.

그렇다면 세포는 모두 공처럼 둥그렇게 생겼을까? 그렇지 않아! 세포의 모양은 정말 다양해. 예를 들어 우리 피부에 있는 상피 세포들은 납작해. 근육 세포들은 길쭉한데, 일반 세포에는 하나밖에 없는 '핵'이 여러 개 들어 있지. 놀랍게도 뼈에도 세포가 있는데, 사방으로 가지를 뻗은 모양이야.

생식 세포 중에 정자는 꼬리가 달려서 헤엄을 쳐. 신경 세포는 별 모양인데 엄청나게 긴 돌기가 달려 있어. 이 돌기 덕분에 신경 세포를 길게 늘어뜨리면 약 1미터나 된다고 해. 세포의 지름이 0.1밀리미터밖에 안 되는데, 길이가 1미터라니 놀랍지?

우리 몸속 세포는 어디에서 시작될까?

이쯤에서 놀라운 사실을 하나 알려 줄게. 이렇게 완전히 다른 모양, 완전히 다른 일을 하는 세포들이 우리 몸에 30조 개나 있는데, 이 모든 세포의 조상이 단 하나라는 거야. 이 조상의 이름은 바로 수정란이야! 이 단 하나의 세포에서 이렇게 수많은 세포가 만들어진단다.

아빠의 생식 세포인 **정자**는 엄마의 생식 세포인 **난자**와 만나기 위해 열심히 헤엄쳐. 난자는 단 하나의 정자와만 결합하는데, 이 과정을 **수정**이라고 불러. 수정의 결과로 만들어진 세포가 바로 **수정란**이지. 대부분 다세포 생물은 이렇게 난자와 정자가 만나 수정란을 만드는데, 이 방법을 쓰면 후손이 매우 다양해지는 장점이 있어. 그 까닭은 조금 복잡하니까 뒤에서 다시 설명할게.

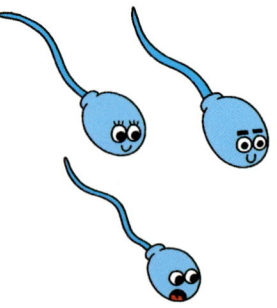

수정란의 크기는 난자의 크기와 같아. 고작 0.2밀리미터에 불과한 수정란 안에 생명의 신비가 모두 들어 있다고 해도 과언이 아니야. 이 작디작은 세포는 불과 수개월만 지나도 이 세상 그 어떤 복잡한 기계보다 복잡하고 정교한 인간의 몸으로 변하지. 이 놀라운 일을 어떻게 설명할 수 있을까?

생명의 신비는 오랫동안 과학자들이 풀지 못한 난제였어. 광활한 우주를 이해하는 것보다 생명 현상을 이해하는 것이 더 복잡하고 어렵다는 말이 있을 정도니까. 그러다가 20세기에 들어서야 이 어려운 문제를 해결할 실마리를 찾게 되었지!

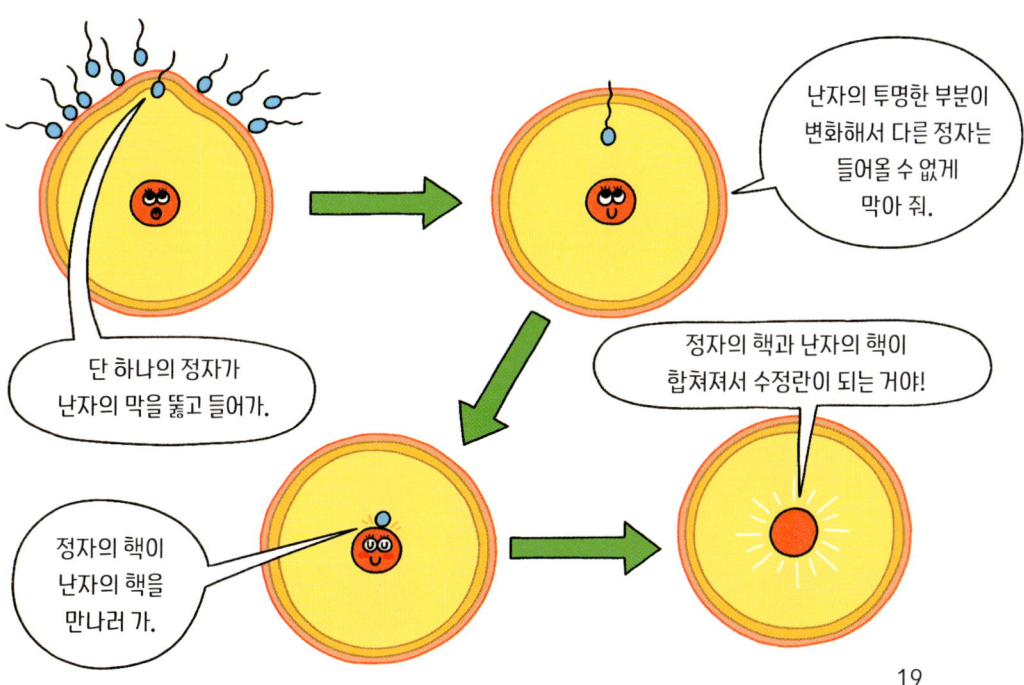

더 알아보기

현미경의 발전과 세포 관찰의 역사

일반적으로 과학은 관찰 도구와 함께 발전해. 생물학은 현미경을 발명하기 전과 후로 나누어진다고 해도 과언이 아닐 정도로, 현미경의 발명은 생물학에 무척 중요한 사건이었어. 현미경을 통해 사람의 눈으로는 볼 수 없는 여러 가지 생물의 세포를 관찰하게 되었고, 그 덕분에 과학과 산업이 크게 발전하게 되었으니까 말이야!

현미경을 발전시킨 얀센 부자

여러 개의 렌즈를 사용해 더 선명하게 상을 볼 수 있는 현미경을 발명한 건 1590년경 네덜란드의 자카리아스 얀센과 그의 아버지 한스 얀센이었어. 안경을 만드는 일을 하던 얀센 부자는 3개의 관과 2개의 렌즈를 이용한 현미경을 만들었어. 관을 접었을 때에는 3배, 폈을 때는 10배 정도 확대해서 보여 주었지.

얀센 부자가 만든 초기 현미경의 모습이야. 주로 해양을 탐사하는 데 쓰여서 망원경을 닮았어.

'세포'라는 이름을 붙인 로버트 훅

1665년 영국의 과학자 로버트 훅은 자신만의 현미경을 만들어서 여러 가지 광물과 동식물을 관찰했지. 어느 날 로버트 훅은 코르크를 관찰하다가, 코르크 조직이 마치 벌집 모양의 방처럼 이루어져 있다는 사실을 발견했어. 그는 이 구조가 수도원의 작은 방을 닮았다고 하여 이 구조를 '작은 방'이라는 의미를 지닌 '세포(영어로 셀 cell)'라고 이름 붙였어. 이것이 세포를 발견한 최초의 사건이었지!

사실 로버트 훅이 발견한 세포는 살아 있는 세포가 아니라 죽은 세포의 세포벽이었어. 로버트 훅은 동식물의 몸이 세포로 이루어져 있다는 사실까지는 알지 못했지만, 세포를 최초로 관찰한 사람이 되었지.

로버트 훅의 초상화라고 추정되는 그림이야. 그를 보고 그린 초상화는 아직 발견되지 않았어. 지금 볼 수 있는 초상화는 그를 상상하여 그린 그림이야.

살아 있는 세포를 처음 발견한 레이우엔훅

살아 있는 세포를 처음 발견한 사람은 네덜란드의 레이우엔훅이야. 옷감을 파는 상인이었던 그는 손재주가 좋아서 성능 좋은 현미경을 직접 제작했어. 레이우엔훅이 만든 현미경은 한 개의 렌즈만 사용하는 방식인데도, 최대 약 300배까지 확대해서 보여 주는 17세기 말 최고의 현미경이었어.

어느 날 바닥에 떨어진 빗방울을 관찰하던 레이우엔훅은 인류의 역사를 바꾼 커다란 발견을 했어. 물방울 속에서 벌레보다도 작은 것들이 와글거리는 것을 관찰한 거야. 바로 살아 있는 미생물이었지! 이후에도 그는 자신이 제작한 현미경으로 적혈구, 정자, 원생생물, 세균 등 살아 움직이는 세포를 관찰하며 위대한 연구자로 역사에 이름을 남겼어.

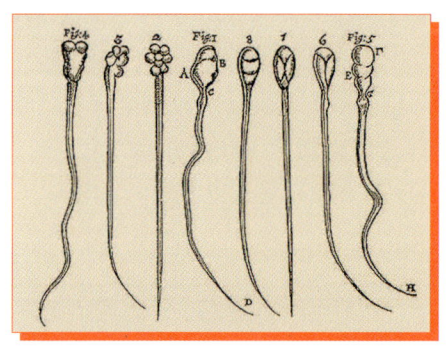

레이우엔훅은 현미경으로 생물의 생식 세포를 관찰했어. 1678년경에는 토끼와 개의 정자를 관찰해서 그렸지.

오늘날 가장 뛰어난 현미경은 뭘까?

현미경에서 가장 중요한 능력은 '분해능'이야. 물체의 미세한 부분을 식별할 수 있는 렌즈의 능력을 뜻해. 분해능이 작을수록 더 뛰어난 현미경이라고 말할 수 있어. 현미경은 크게 빛을 사용하는 '광학 현미경'과 전자를 사용하는 '전자 현미경'으로 구분할 수 있어. 현재 광학 현미경은 2나노미터의 분해능이 최고 기록이야. 분자까지 볼 수 있는 수준이지. 그런데 이보다 더 작은 세상을 보기 위한 전자 현미경이 등장했어. 현재 가장 뛰어난 전자 현미경은 무려 0.02나노미터의 분해능을 갖고 있어. 분자를 넘어 원자 내부까지 볼 수 있을 정도지!

전자 현미경은 전자의 움직임을 파악해 물체를 관찰해. 전자를 물체에 쏜 다음, 관통하거나 튀어나온 데이터를 기반으로 계산하지.

★ 도전! 퀴즈 왕

1. 다음 중에서 생물의 특징이 아닌 것을 고르세요.

① 환경에 적응해서 자신의 상태를 일정하게 유지하려고 해요.
② 햇빛을 받아서 영양분을 만들어 내요.
③ 음식을 소화해서 에너지로 사용해요.
④ 불로 태우면 열과 빛을 내면서 없어져요.
⑤ 자신과 닮은 후손을 남겨요.

2. 다음 설명을 나타내는 단어를 쓰세요.

설명	단어
생물의 기본 단위	
모든 세포의 출발이 되는 첫 번째 세포	
하나의 세포로 이루어진 생물	

3. 다음 설명 중에서 맞는 것을 고르세요.

① 덩치가 큰 생물일수록 세포의 크기도 커요.
② 우리 몸의 세포들은 모양과 크기가 거의 비슷해요.
③ 우리 몸의 모든 세포의 근원은 단 하나의 세포예요.
④ 동물 세포에는 단단한 세포벽이 있어요.
⑤ 난자 세포가 우리 몸의 세포 중에 가장 작아요.

정답 1. ④ 2. 세포, 수정란, 단세포 생물 3. ③

질문 있어요!

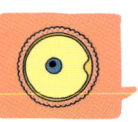

세상에서 가장 큰 세포는 뭐예요?

사람의 경우 난자가 가장 큰 세포라는 사실을 기억하니? 난자에는 영양분이 들어 있어서 다른 세포보다 크기가 커. 특히 엄마와 탯줄로 연결되지 않고, 알에서 태어나는 동물은 영양분을 따로 공급받을 곳이 없어서 난자에 영양분이 훨씬 더 많아야 해.

과학자들은 알을 하나의 세포로 보고 있어. 세포는 세포막으로 외부와 분리된 공간인데, 알도 껍질 바로 안쪽에 세포막이 있거든. 세상에서 가장 큰 세포가 알이라고 봐도 되겠지?

가장 큰 세포는 고래상어 알이야. 1953년 멕시코만에서는 무려 길이 30센티미터, 폭 14센티미터, 두께 9센티미터 정도의 고래상어 알이 발견됐어. 고래상어는 알을 몸 안에 품고 있다가 새끼가 알에서 깨어난 뒤에 몸 밖으로 내보내는데, 이때만 알을 발견할 수 있어.

땅에서 가장 큰 알을 낳는 동물은 타조야. 타조 알은 지름 15센티미터에 무게 1.4킬로그램으로, 달걀 24개 정도와 비슷하지.

② 유전 물질의 정체를 밝혀라

유전 물질을 알아내기까지

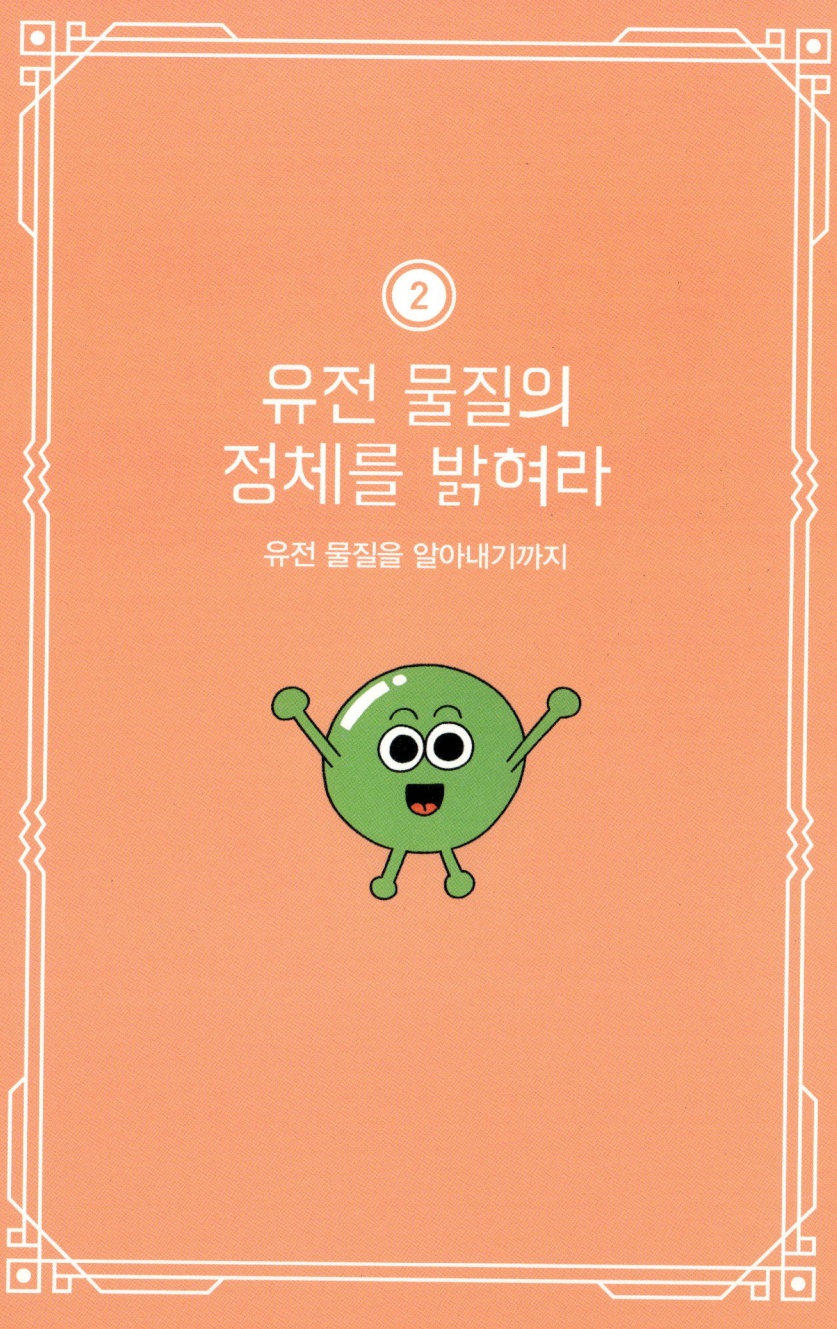

# 유전의 비밀을 밝히고 싶었던 수도사

유전의 원리는 정말 유용해

생물의 특정 성질이 후대에 대물림된다는 사실은 농작물이나 가축을 키울 때 매우 유용해. 좋은 성질을 가진 생물끼리 **교배**(생물의 암수를 인위적으로 수정 또는 수분시켜 다음 세대를 얻는 일)하면, 좋은 성질을 가진 후손이 태어날 가능성이 커지니까!

사람들은 더 유용한 품종을 만들기 위해 오래전부터 유전의 원리를 이용해 왔어. 예를 들어 열매가 크고, 과즙이 많고, 단맛이 풍부한 사과를 얻기 위해서 이런 성질이 있는 사과끼리 교배하기를 반복했지. 우리가 아는 부사, 아오리, 홍로, 홍옥 등의 다양한 사과 품종은 이런 노력을 통해 얻은 거야.

가축도 마찬가지야. 우리가 키우는 소, 돼지, 닭 등에는 여러 품종이 있는데 모두 사람들이 원하는 성질의 가축을 얻기 위해 교배를 반복한 결과야. 예를 들어 달걀을 많이 낳는 닭끼리 교배하기를 반복해 '레그혼'이라는 품종을 만들었고, 맛있는 고기를 얻기 위해 '백세미'라는 품종을 만들었어. 이렇게 생물을 개량하거나 새 품종을 만들어 내는 학문을 육종학이라고 해.

하지만 유전 현상이 어떻게 일어나는지는 밝혀지지 않았어. 옛날 사람들은 유전되는 무언가가 있다고 생각했지만, 그게 어떤 형태이고, 어떻게 전해지는지는 알지 못해 저마다 다른 주장을 펼쳤지. 과학자들은 실험을 통해서 그 비밀을 알아내고자 했어.

완두에서 찾은 유전의 비밀

오스트리아의 과학자이자 수도사였던 멘델은 1856년부터 1863년까지 수도원에서 완두를 재배하며 여러 실험을 했어. 그리고 마침내 부모의 형질이 어떻게 유전되는지 밝혀냈어!

왜 하필 완두냐고? 완두는 모양, 색깔 등에서 서로 다른 뚜렷한 형질이 나타나. 또 한 번에 얻을 수 있는 자손의 수가 많고, 다음 세대의 완두를 얻는 데까지 걸리는 시간도 짧지. 게다가 인위적으로 교배할 수 있어서 연구하기에 좋은 재료였어.

당시 사람들은 서로 다른 형질을 가진 부모 사이에서 나온 자손은 두 부모의 형질을 반반씩 가질 거라고 생각했어. 멘델은 이 생각이 맞는지 확인하기 위해 완두를 이용한 교배 실험을 했던 거야.

실험 결과, 예상과 달리 부모의 서로 다른 형질 중 한 가지만이 겉으로 나타났어. 예를 들어 노란색 완두와 초록색 완두를 서로 교배하면 노란색 완두만 나와. 멘델은 이를 통해 '우성'과 '열성'이라는 개념을 주장했어. 노란색 완두와 초록색 완두처럼 형질이 서로 다른 두 품종을 교배했을 때, 겉으로 나타나는 형질을 **우성**, 나타나지 않는 형질을 **열성**이라고 했지. 이를 '우열의 원리'라고 불러. 멘델은 이후 수많은 교배 실험을 통해 우성과 열성이 일정한 비율로 나타나는 걸 밝혔어. 드디어 유전의 원리와 규칙이 발견된 거야!

혈액형에도 우성, 열성이 있다고?

재밌는 사실을 하나 알려 줄게. 사람의 혈액형도 멘델이 알아낸 우열의 원리를 따르는 대표적인 사례란다.

사람의 혈액형은 A형, B형, AB형, O형이 있어. 여기에서 A형과 B형은 우성이고, O형은 열성이야. 그러니까 A형과 O형이 만나면 A형이 나오고, B형과 O형이 만나면 B형이 나오는 거지. 그런데 A형과 B형은 모두 우성인데, 둘이 만나면 어떻게 될까? 둘 다 양보하지 않으니 AB형이라는 혈액형이 돼!

사람을 대상으로 유전을 연구하는 건 무척 힘들어. 심은 지 2개월이면 자라서 열매를 맺는 완두와 달리, 사람이 태어나서 성인이 되고 후손을 낳으려면 최소 20년의 시간이 필요하니까. 게다가 명확히 우성과 열성으로 나눠지는 특징을 찾기도 어려워. 또 완두는 씨앗 하나로 수백 개의 열매를 얻지만, 사람은 자식을 몇 명 남기는 게 고작이니 많은 수의 자손을 분석하기도 어렵지.

그래서 과학자들은 몇몇 생물을 모델로 삼아 유전을 연구했어. 아무래도 한살이의 기간이 짧고, 자손도 많이 남기고, 조작해서 쉽게 변형할 수 있는 생물이 연구하기에 좋겠지? 유전 연구에 공을 세운 대표적인 생물로는 초파리, 예쁜꼬마선충, 대장균 등이 있어.

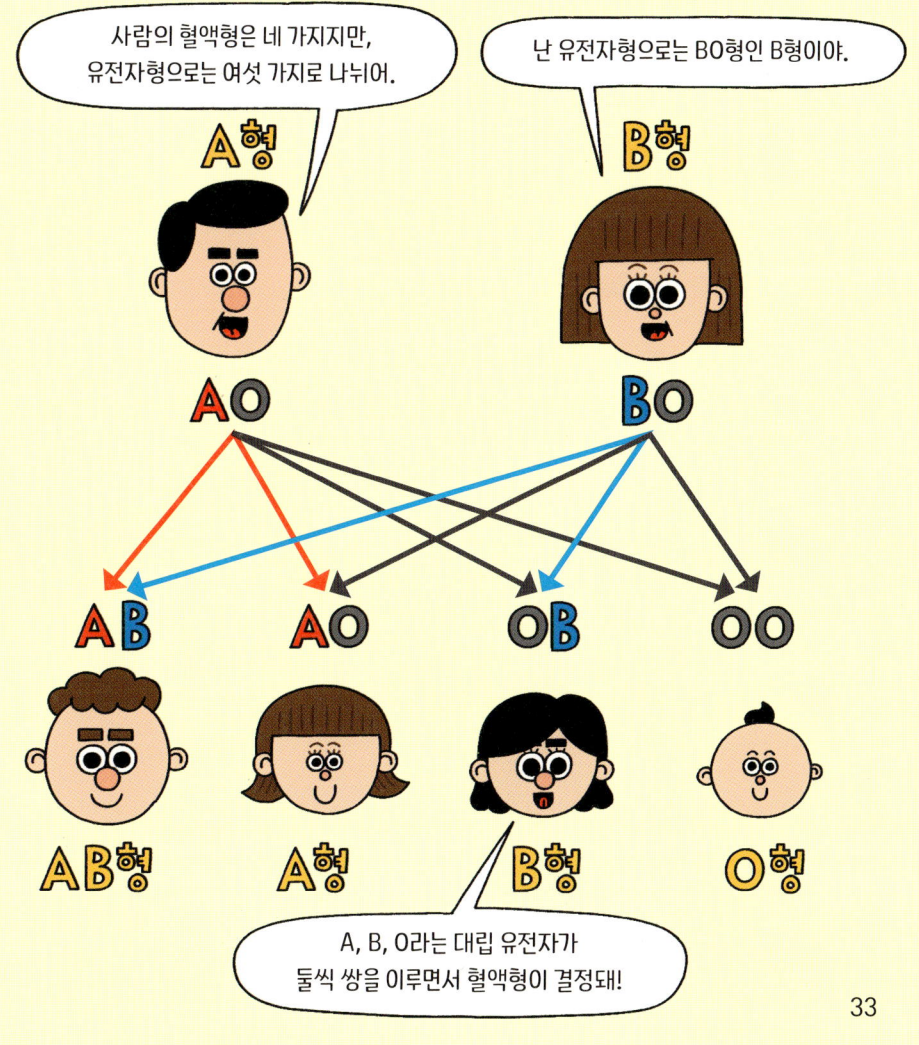

유전 물질을 밝힌 역사적인 실험

유전의 원리와 규칙이 밝혀지면서 과학자들은 유전을 일으키는 물질이 존재한다고 더 강하게 추측하게 되었어. 당시 과학자들은 '도대체 그 유전 물질이 뭐야?' 하면서 유전 물질을 찾아내는 데 열을 올렸어. 유전 물질의 후보로 탄수화물, 단백질, DNA(디엔에이) 등이 거론되었지.

이런 중에 1928년 영국 미생물학자 프레데릭 그리피스의 실험이 주목을 받게 됐어. 동물에게 폐렴을 일으키는 원인 중 가장 유명한 건 '폐렴쌍구균'이라는 세균이야. 그리피스는 폐렴쌍구균 백신을 만들기 위한 실험을 하던 중 특이한 현상을 발견했어. 폐렴쌍구균 중 독성이 있는 '독성균'을 죽인 다음 독성이 없는 '비독성균'을 섞었더니, 갑자기 비독성균이 독성균으로 바

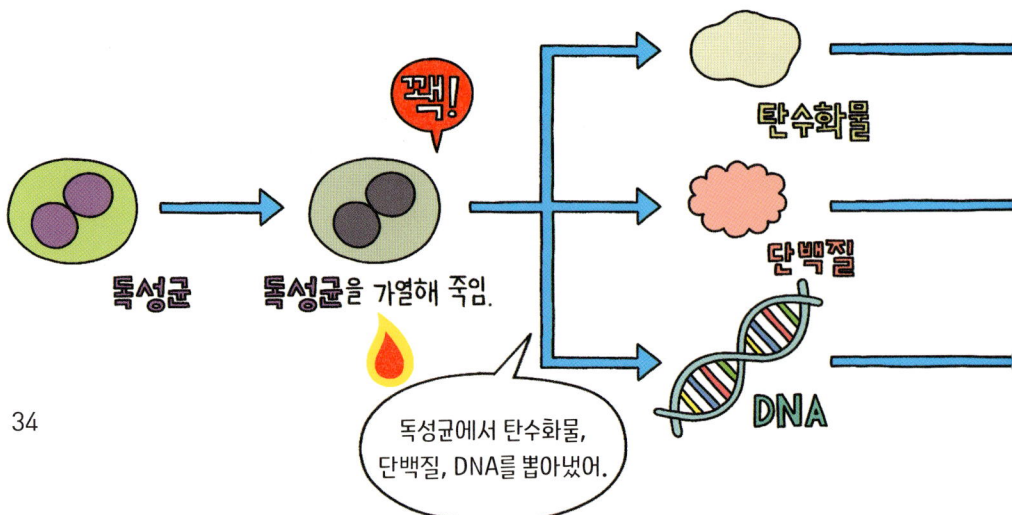

뀐 거야. 그러니까 독성균에 있던 무언가가 비독성균 안으로 들어가서 세균의 성질을 바꿨다는 거지!

시간이 흘러 1944년, 캐나다 과학자 오스월드 에이버리는 이 유전 물질을 알아내기 위해 그리피스의 실험을 발전시켰어. 에이버리는 죽은 독성균을 탄수화물, 단백질, DNA로 분리했어. 그리고 각각을 비독성균에 섞어 봤지. 그랬더니 탄수화물과 단백질을 넣었을 때는 아무 변화가 없었고, 오직 DNA를 넣었을 때만 비독성균이 독성균으로 바뀌는 현상이 일어난 거야.

이 실험을 통해 DNA가 유전 물질이라는 사실이 명백해졌어. DNA가 유전 물질의 주인공으로 등극하는 순간이었지!

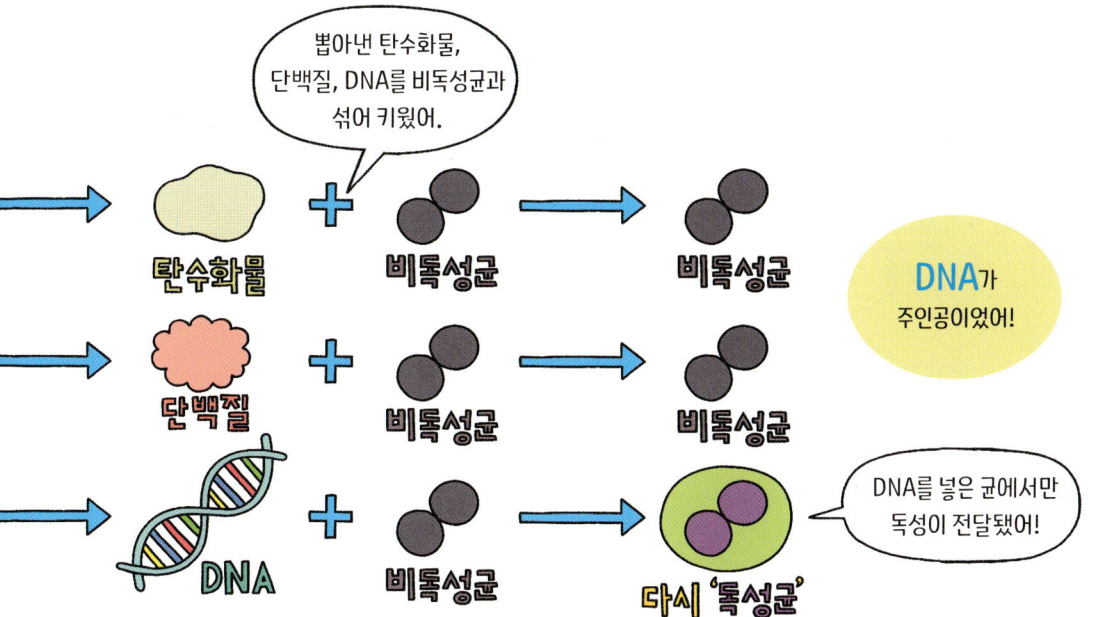

더 알아보기

멘델의 유전 법칙

멘델이 주장한 유전 법칙은 크게 세 가지가 있어. 우열의 원리, 분리 법칙, 독립 법칙이야. 우열의 원리는 예외가 많아서 '법칙' 대신 '원리'라고 부른단다. 멘델의 연구는 당시에는 널리 알려지지 못했지만, 이후 과학이 발달하면서 유전 현상을 체계적으로 밝힌 최초의 연구로 인정받게 되었어. 멘델의 법칙만으로 유전 현상을 설명할 수 없는 경우도 많지만, 유전의 원리를 이해하는 시작점이 되기에 큰 의의가 있어.

우열의 원리

앞에서 순종인 노란색 완두와 초록색 완두를 교배하면 노란색 완두만 나온다는 사실을 배웠어. 그건 앞서 말한 우열의 원리 때문이야. **우열의 원리**란, 서로 대립하는 우성 형질과 열성 형질을 교배하면 다음 세대인 1대에서는 우성 형질만 나타난다는 것을 가리키는 말이야. 노란색과 초록색 중 노란색이 우성이기 때문에 노란색 완두가 나오는 거지.

분리 법칙

1대를 지나 그다음 세대에서는 가려져 있던 열성 형질이 다시 나타나. 이걸 분리 법칙이라고 해. **분리 법칙**이란 우성 형질만 드러난 것들을 다시 자기들끼리 교배하면, 2대에서는 우성 형질과 열성 형질이 3대 1의 비율로 나타난다는 것을 가리키는 말이야.

자, 예를 들어 볼게. 노란색을 나타내는 유전자를 대문자 와이(Y), 초록색을 나타내는 유전자를 소문자 와이(y)라고 하자. 부모 노란색(YY) 완두와 초록색(yy) 완두를 교배하면 1대에서는 모두 노란색(Yy) 완두가 나와. 그렇게 나온 노란색(Yy) 완두와 노란색(Yy) 완두를 교배하면, 2대에서는 노란색 완두와 초록색 완두가 3대 1의 비율로 나와. 말이 너무 어렵다고? 아래 그림을 함께 보면 더 쉽게 이해할 수 있을 거야.

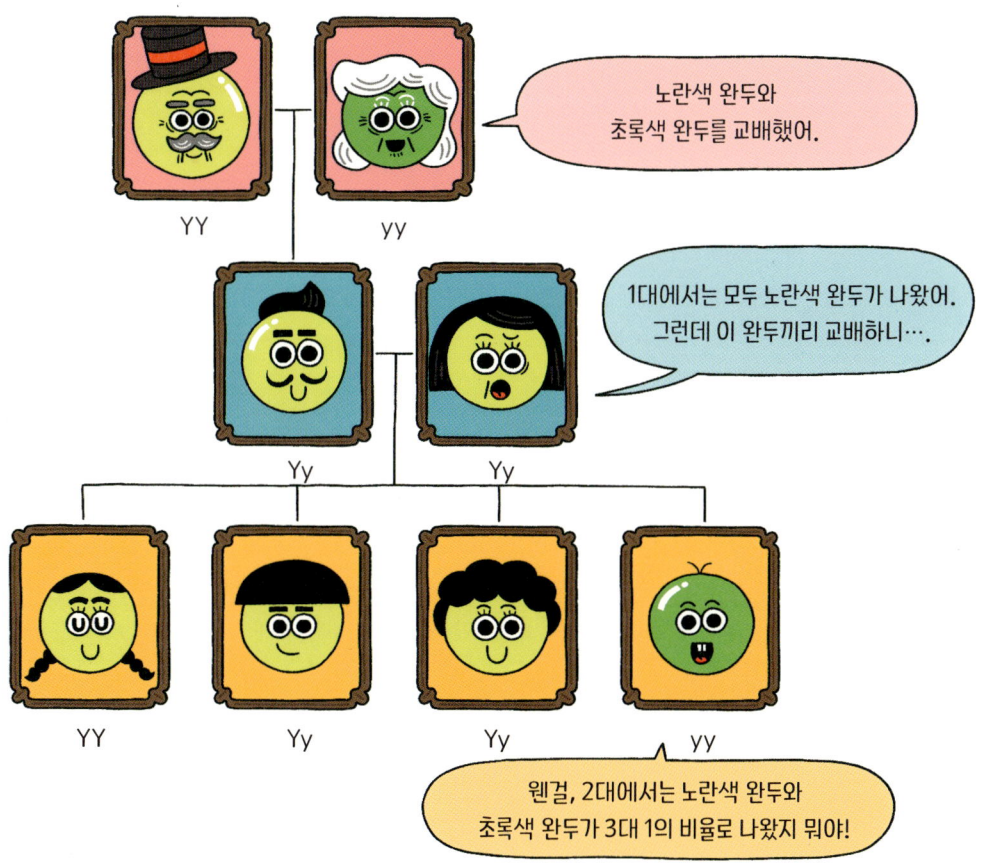

독립 법칙

독립 법칙은 앞서 나온 우열의 원리와 분리 법칙을 기반으로 해. 완두는 색깔 외에도 콩의 모양, 꽃의 색깔 등 다른 형질도 가지고 있어. 멘델은 교배 실험을 통해 이 각각의 형질들이 모두 우열의 원리와 분리 법칙에 따라 각각 나타난다는 것을 밝혔지. 이렇게 서로 다른 형질이 각각 유전 규칙에 따라 전해지며 서로 간섭하지 않는 것을 **독립 법칙**이라고 불러.

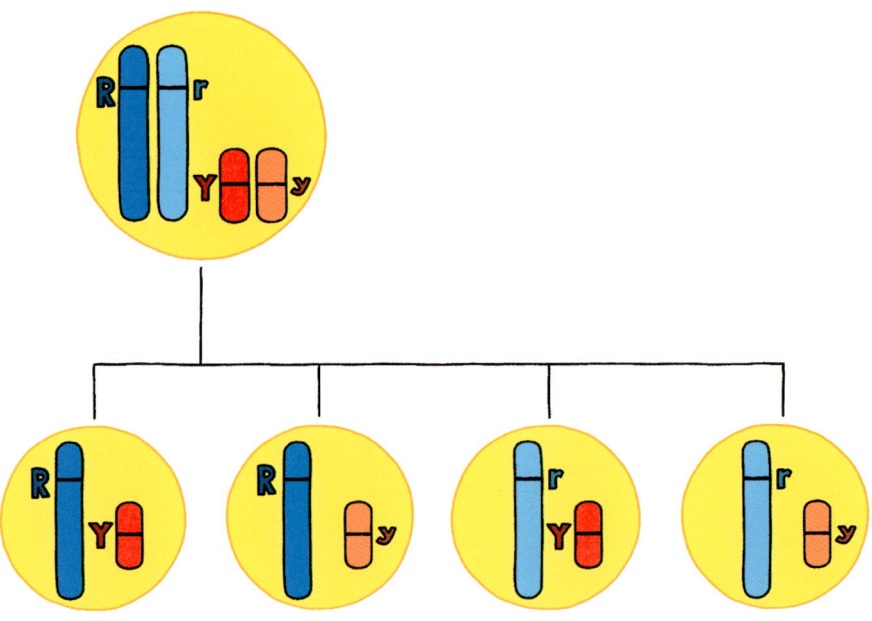

사실 멘델의 가장 뛰어난 업적은 이렇게 유전자가 쌍으로 존재할 거라고 추측한 거야. 실제로 세포 안에서 유전자는 두 개씩 쌍으로 존재하는데, 이는 오랜 시간이 흐른 뒤에 사실로 밝혀졌어. 멘델의 놀라운 통찰력을 엿볼 수 있지!

⭐ 도전! 퀴즈 왕

1. 다음 설명 중에서 틀린 것을 고르세요.

① 사람들은 더 맛이 좋은 사과를 얻기 위해 원하는 성질의 사과끼리 교배해요.
② 생물의 특정 성질은 후대에 대물림돼요.
③ 멘델은 완두로 교배 실험을 해서 우열의 원리를 알아냈어요.
④ 순종인 노란색 완두와 초록색 완두를 교배하면 1대에서도 초록색이 나올 수 있어요.
⑤ 죽은 독성균의 단백질을 비독성균에 넣으면, 비독성균이 독성균으로 바뀌지 않아요.

2. 멘델이 발견한 우열의 원리를 잘못 설명한 것을 고르세요.

① 어떤 성질은 우성과 열성으로 구분할 수 있어요.
② 우성은 열성보다 우수하고 뛰어난 성질을 말해요.
③ 우성과 열성이 만나면 우성이 드러나요.
④ A형과 B형이 만나 자손을 낳으면 AB형이 나올 수 있어요.
⑤ 초록색 완두끼리 교배하면 초록색 완두가 나와요.

3. 다음 설명을 나타내는 단어를 쓰세요.

세포 속에 들어 있으면서 유전 현상을 일으키는 매우 긴 분자.

정답 1.④ 2.② 3.DNA

질문 있어요!

잡종이 더 건강하다는 게 사실인가요?

흔히 순수한 혈통을 가진 개를 품종견이라고 해. 이와 달리 여러 품종이 섞인 개를 잡종견이라고 하지. 많은 사람들이 잡종견보다 품종견을 더 선호하지만, 알고 보면 잡종견이 품종견보다 더 건강하단다. 이건 고양이도 마찬가지야.

가령 허리가 길고 다리가 짧은 개 '닥스훈트'는 허리를 다치기 쉬워. 짧은 주둥이와 코가 특징인 개 '불도그'는 호흡기 질환으로 고생해. 또 소형견 대부분이 다리뼈가 빠지는 증상으로 고통받지. 더 큰 문제는 같은 품종끼리 교배하면 유전병에 취약해진다는 점이야.

흔히 말하는 '순수한 혈통'을 유지하려면 같은 품종끼리 교배해야 하는데, 수가 많지 않다 보니 매우 가까운 개체끼리 교배시키는 경우도 많아. 다양한 유전자가 무작위로 섞이는 게 자연의 법칙인데, 이를 어겼으니 문제가 생길 수 밖에 없지.

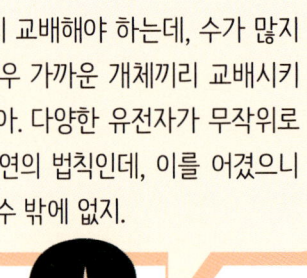

DNA의 구조를 밝힌 과학자들

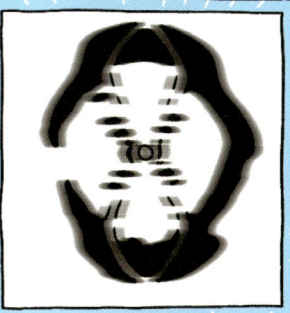

DNA는 어떻게 생겼을까?

이제 DNA가 어떤 녀석인지 찬찬히 살펴볼까? DNA는 생명체의 유전 정보를 담고 있는 물질이야. 정말로 특별한 분자란다. 분자란 물질 고유의 성질을 가지고 있으면서 더는 쪼갤 수 없는 가장 작은 입자를 말해. DNA는 생명체 안에서 가장 크고 긴 분자라고 할 수 있어. 세포 하나에 들어 있는 DNA를 일렬로 늘어뜨리면 길이가 2미터에 달할 정도로 길거든.

세포는 지름이 약 0.01~0.2밀리미터에 불과할 정도로 작잖아. 그 안에 2미터가 넘는 분자가 들어 있는 모습이 상상이 되

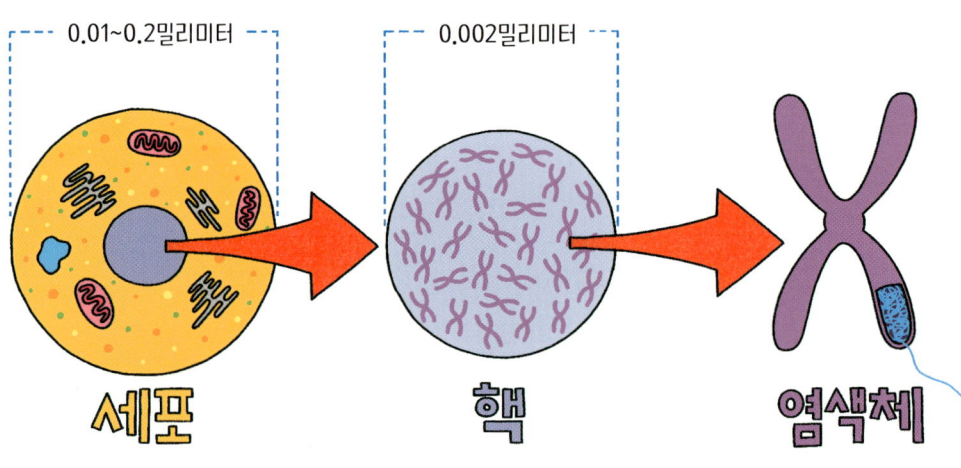

니? 더 놀라운 건 DNA는 세포 전체도 아니고, 세포 안의 지름 0.002밀리미터의 '핵'이라고 부르는 아주 작은 공간에 들어가 있다는 사실이야. 마치 실패에 감긴 실처럼 '히스톤'이라 불리는 단백질에 둘둘 감겨 세포의 핵 속에 쏙 들어가 있지.

DNA를 자세히 들여다보면, 하나가 아니라 두 개의 실로 돼 있다는 걸 알 수 있어. 두 개의 실에 '염기'라고 부르는 물질 네 가지가 서로 쌍을 이루어 결합해 있지. 이들은 꼭 꽈배기 모양처럼 꼬여 있어. 말로 표현하려니 어렵지만 아래의 그림을 보면 어떤 모양인지 쉽게 이해할 수 있을 거야. 이 모양을 '이중 나선 구조'라고 해. 아래 그림의 빨강, 노랑, 파랑, 초록 막대는 네 가지 종류의 염기를 뜻해.

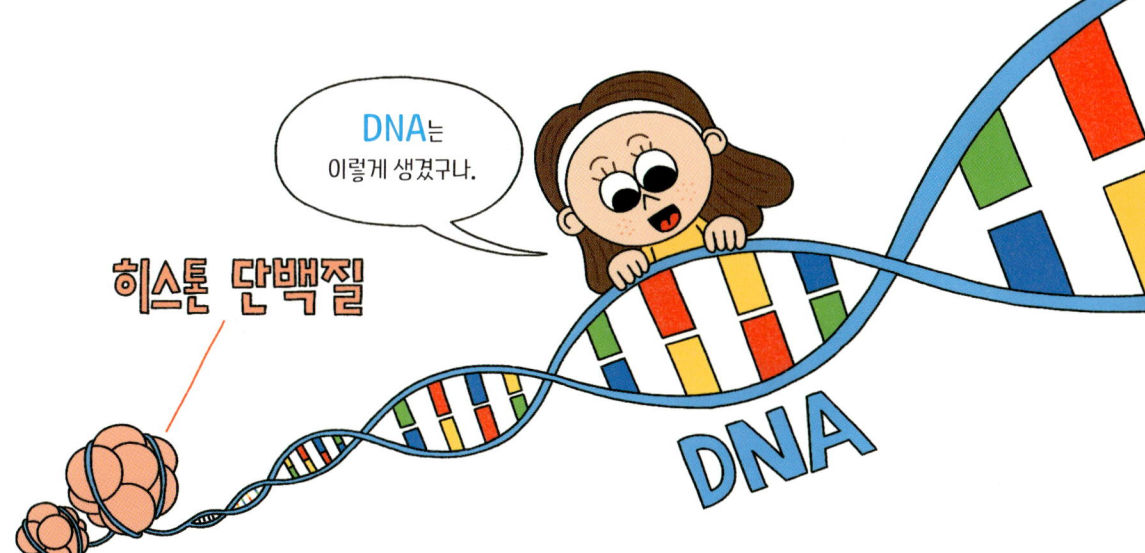

DNA는 설계도, 단백질은 일꾼

DNA는 구체적으로 어떤 일을 하는 걸까? DNA의 역할을 한마디로 정의하면 '단백질을 만드는 설계도'라고 할 수 있어.

단백질은 생명 현상을 유지하게 하는 물질로, 우리 몸에서 정말로 중요한 역할을 해. 보통 단백질이라고 하면 쇠고기, 콩 같은 음식을 떠올리는 친구들이 많을 거야. 물론 그 안에도 단백질이 풍부하게 들어 있지만, 단백질의 종류는 훨씬 더 다양하단다.

세포는 우리 몸을 이루는 기본 바탕이잖아? 단백질은 이 세포를 구성하는 핵심 재료이자, 세포 안에서 일어나는 온갖 현상의 주인공이야. 세포가 만드는 단백질은 우리의 특징을 결정하기도 해. 예를 들어 어떤 사람한테 털을 만드는 모낭 세포가 검정 색소 단백질을 많이 만들면, 머리카락과 털이 검은색인 사람이 되는 거야. 뇌세포에서 성장 호르몬 단백질을 많이 만들면, 키와 덩치가 큰 사람이 되는 거고. 한마디로 단백질이 우리가 어떤 모습일지를 결정해.

설계도가 얼마나 중요한지는 건물이나 물건을 만드는 사람이라면 모두 잘 알고 있어. 설계도에 적혀 있는 그대로 건물이나 물건이 만들어지니 말이야. DNA 안에는 어떤 단백질을 만들지에 대한 정보가 모두 들어 있어. 더 나아가서 해당 단백질을 얼마나 많이 만들지, 또 어떤 상황에서는 만들지만 어떤 상황에서는 그만 만들지에 대한 세밀한 정보까지 들어 있단다. 그야말로 DNA는 우리 몸의 완벽한 설계도야!

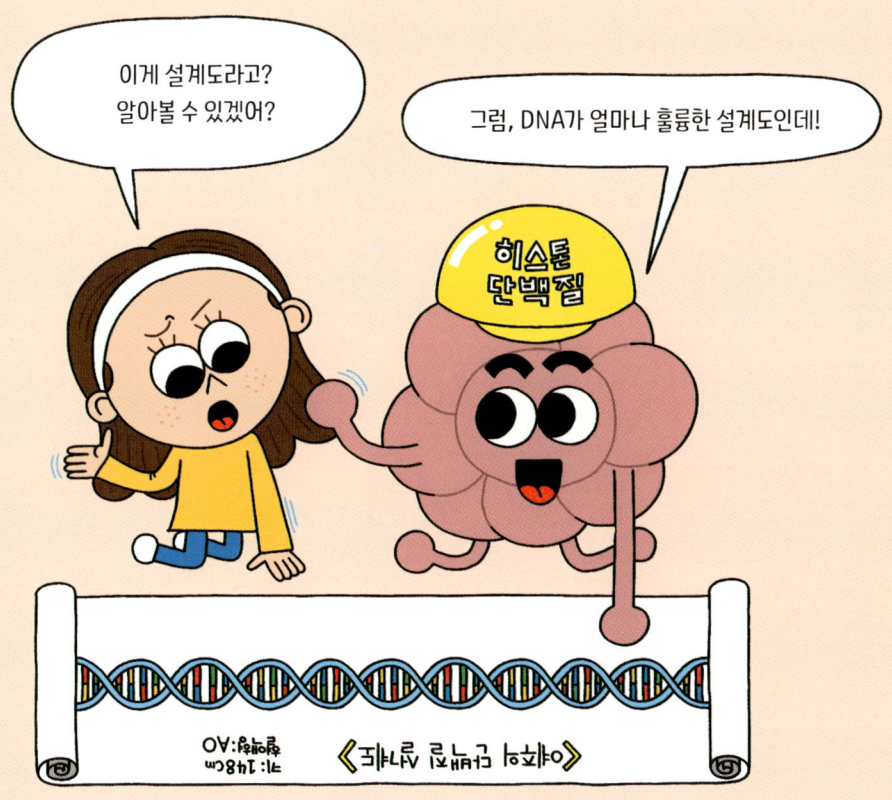

DNA가 정보를 저장하는 방법

　DNA가 유전 물질이라는 사실이 밝혀지기 전, 어떤 과학자는 "DNA는 바보 분자."라면서 "우스꽝스럽게도 평범한 구조라 유전 정보를 담기에 부족하다."라고 말하기도 했어. 그렇게 주장한 이유는 DNA가 단 네 가지 염기로만 구성돼 있다는 거였어. 숫자로 비유한다면 1, 2, 3, 4밖에 쓸 수 없는 거야. 단 네 가지 숫자만으로 복잡한 유전 현상의 정보를 담을 수 없다고 여긴 거지.

　당시 과학자들은 몰랐지만 지금은 초등학생도 모두 아는 사실이 있어. 네 가지가 아니라 단 두 가지만으로도 수많은 정보를 담을 방법이 있다는 사실 말이지. 바로 컴퓨터 말이야!

컴퓨터는 모든 정보를 숫자 0과 1로 바꿔서 저장해. 컴퓨터 과학자들은 오랜 고민 끝에 0과 1만으로 모든 정보를 저장할 방법을 고안해 냈지. 예를 들어 ASCⅡ 코드의 문자A는 01000001로 바꾸어 저장돼. 단 두 가지로도 모든 정보를 저장할 수 있다면, 네 가지로는 당연히 가능하지 않겠어? 놀랍게도 DNA는 컴퓨터와 꽤 비슷한 방법으로 정보를 저장하고 있어.

DNA를 구성하는 네 가지 염기의 순서가 바로 유전 정보야. 이 염기의 순서에 따라 어떤 단백질을 얼마나 많이 만들지가 결정돼. DNA 정보를 바탕으로 만들어진 단백질이 다양한 생명 현상을 일으키고, 더 나아가서 생물의 특징까지 결정하는 거란다.

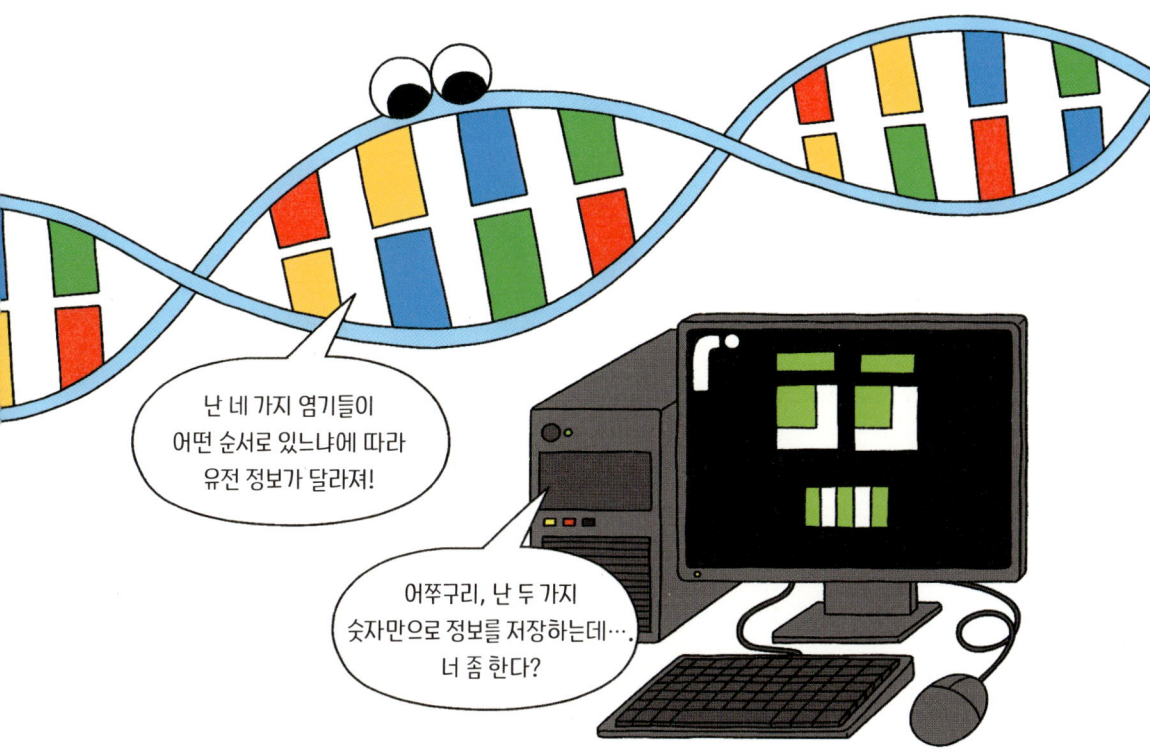

똑같은 설계도, 그러나 다른 세포

우리 몸의 세포들은 모두 똑같은 설계도를 가지고 있어. 아빠의 정자와 엄마의 난자가 만나 탄생한 수정란 안에 들어 있던 DNA가 바로 그 설계도야.

수정란은 반으로 쪼개지기를 반복하면서 세포의 수를 계속 늘려 가는데, 이렇게 반으로 쪼개질 때마다 원래 있던 DNA를 복사해서 하나씩 나눠 갖기를 반복해. 컴퓨터에서 어느 한 파일을 수백 번 복사한다고 생각해 봐. 수백 개의 복사본은 그 최초의 파일과 똑같잖니? 그처럼 세포 속 DNA를 아무리 복사해도 최초의 DNA와 똑같아.

우리 몸의 세포들이 DNA라는 똑같은 설계도를 사용하는데, 왜 각각의 세포마다 기능과 역할이 다른 거냐고? 훌륭한 질문이야! 그건 각각의 세포마다 설계도에서 주로 쓰는 부분이 다르기 때문이야. 설계도인 DNA에는 필요한 모든 정보가 다 들어 있지만, 각각의 세포가 전체 설계도를 다 쓰는 건 아니거든.

예컨대 근육 세포는 주로 힘줄을 이루는 단백질을 만들어. 소화액을 분비하는 세포는 음식물의 소화를 돕는 단백질을 만들지. 또 모낭 세포는 털을 구성하는 단백질인 케라틴을 만들어. 이런 식으로 세포마다 설계도에서 자신이 주로 만드는 단백질에 해당하는 부분만 사용한다고 이해하면 돼.

더 알아보기

DNA, 염색체, 유전자, 게놈 완벽 이해하기

DNA, 염색체, 유전자, 게놈……. 다 비슷한 말인 것 같아 알쏭달쏭하다고? 이들의 차이를 친근한 비유를 들어 쉽게 설명해 줄 테니 차근차근 따라와 봐!

DNA

DNA는 유전 정보를 담고 있는 기다란 실 모양의 분자야. 만질 수 있는 물질이지. DNA는 생물의 세포 속에 있어.

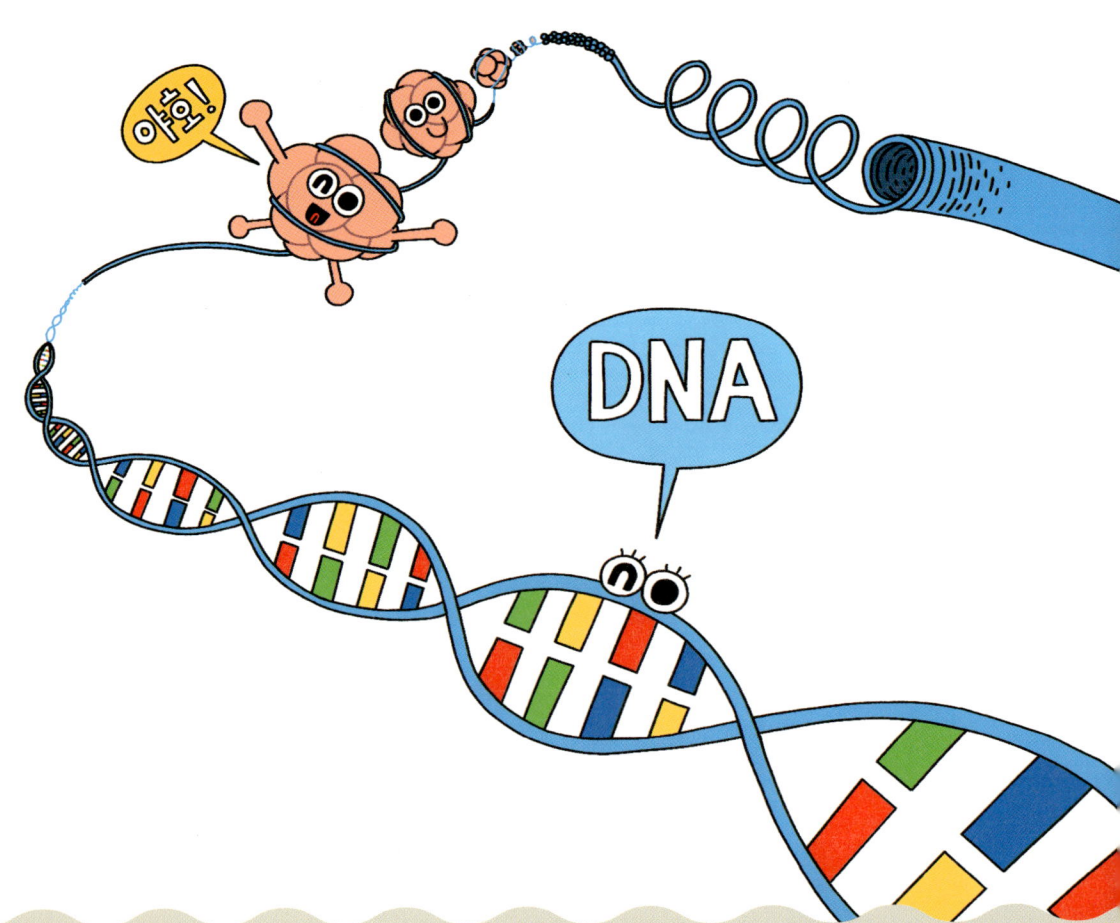

염색체

염색체는 DNA가 들어 있는 막대 모양으로 된 작은 물질이야. 과학자들은 현미경으로 세포를 관찰하면서 염색이 잘 되는 부위를 발견하고 이를 '염색체'라고 이름 붙였어. 염색체가 DNA 뭉치라는 건 나중에야 밝혀졌지. 기다란 실도 둥근 막대에 둘둘 감으면 엉키지 않게 보관할 수 있잖아? 이게 바로 길고 긴 DNA가 세포 속에 존재하는 방법이야. 잘 말아서 한 덩어리로 보이는 DNA 뭉치가 바로 염색체인 거지. 사람의 세포 1개 속에는 염색체 46개가 들어 있어.

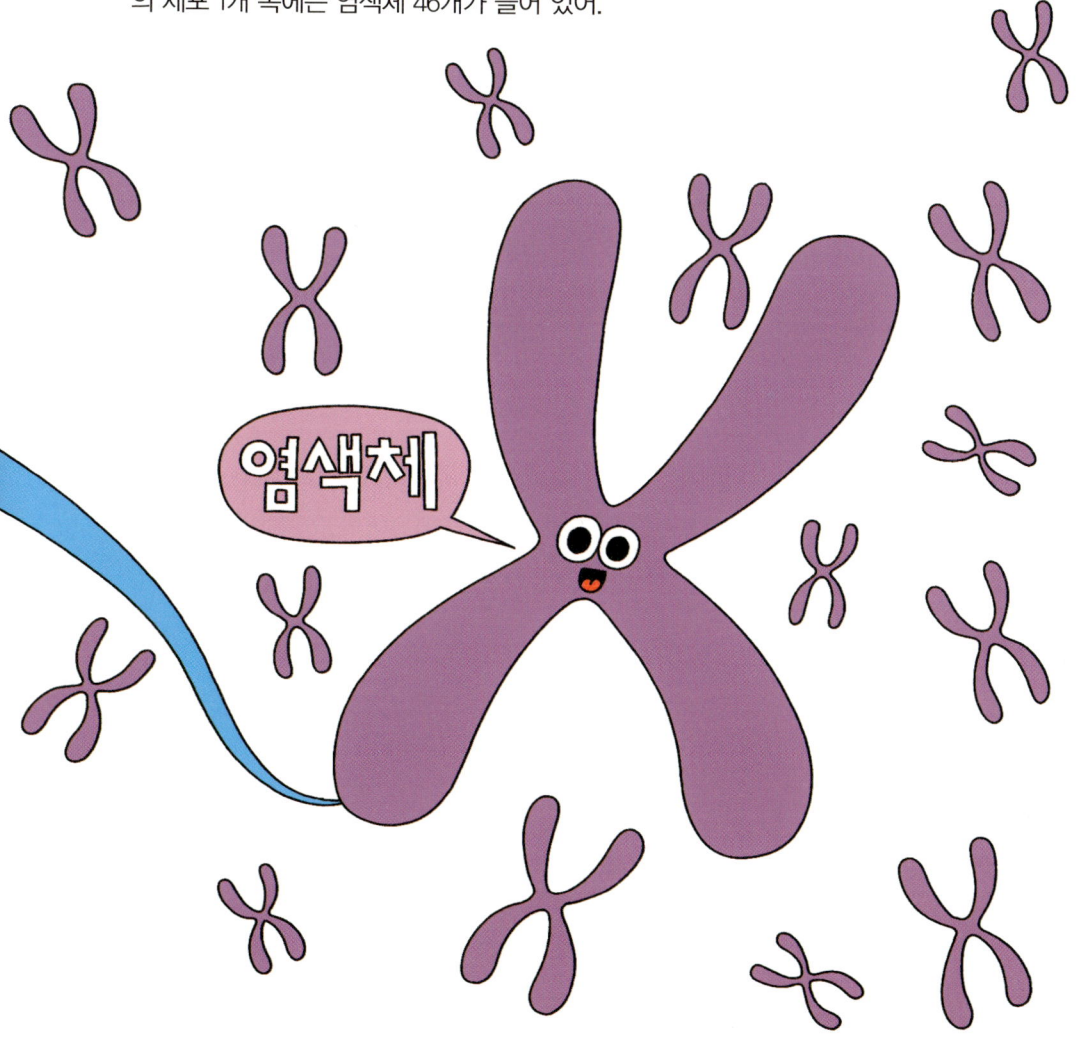

유전자

유전자란 DNA에 담겨 있는 정보야. 컴퓨터에서 만질 수 있는 부분을 '하드웨어'라고 하고, 만질 수는 없지만 그 안에서 작동하는 프로그램을 '소프트웨어'라고 불러. 유전자는 바로 이 소프트웨어에 해당한다고 할 수 있어. 만질 수 있는 물질이 아니라 그 안에 담겨 있는 정보거든.

동물, 식물 등 지구상의 모든 생물은 유전자를 지니고 있어. DNA가 있는 것들은 유전자 검사를 할 수 있지.

게놈

게놈은 유전자(gene)와 염색체(chromosome)를 합친 말이야. 어느 한 생명체 전체에 걸친 유전 정보를 가리키지. 사람으로 치면 46개의 염색체 속 DNA에 담긴 전체적인 유전 정보를 뜻한단다. DNA와 염색체가 만질 수 있는 물질이라면, 유전자와 게놈은 만질 수 없는 정보야.

★ 도전! 퀴즈 왕

1. 다음 설명을 나타내는 단어를 쓰세요.

> 다양한 생명 현상을 일으키는 물질이에요. 3대 영양소 중 하나이지요.
> 효소는 이 물질 중 하나예요.

---

2. 단백질에 대해 잘못 설명한 것을 고르세요.

① 단백질을 음식으로 섭취할 수 있어요.
② 세포는 DNA의 정보에 따라 단백질을 만들어요.
③ 단백질은 생명 현상을 일으키는 주체예요.
④ 세포마다 주로 만드는 단백질이 달라요.
⑤ 모낭 세포는 힘줄을 이루는 단백질을 만들어요.

3. 다음 중 DNA에 대해 잘못 설명한 것을 고르세요.

① 어떤 단백질을 만들지에 대한 정보를 갖고 있어요.
② 특정 단백질을 얼마나 만들지에 대한 정보를 갖고 있어요.
③ 한 생물의 모든 세포에는 똑같은 DNA가 들어 있어요.
④ 세포가 나눠질 때 DNA를 절반씩 나눠 가져요.
⑤ 네 가지의 염기만으로도 복잡한 정보를 담을 수 있어요.

정답 1. 단백질 2. ⑤ 3. ④

> 질문 있어요!

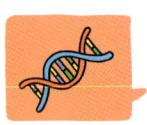
DNA가 없는 생물도 있나요?

원칙적으로 모든 생물에는 DNA가 있어. 하지만 생물의 영역을 바이러스로 넓히면 답은 조금 달라져. 과학자들은 바이러스를 생물과 무생물의 중간 형태로 보거든. 바이러스는 생물처럼 필요한 물질을 만들고, 환경에 적응하고, 후손을 남기지만, 이 모든 일을 스스로 하지 못하고 다른 생물의 도움을 받아서 하지.

바이러스 중에는 DNA 대신 RNA(아르엔에이)를 유전 물질로 사용하는 종류도 있어. DNA가 유전을 일으키는 물질이라면, RNA는 유전 정보를 전달하는 물질이야. DNA가 두 가닥의 실로 된 것과 다르게 RNA는 한 가닥의 실로 되어 있어.

전 세계를 감염병의 공포에 빠뜨렸던 코로나 바이러스, 독감을 일으키는 인플루엔자 바이러스, 후천성 면역 결핍증의 원인인 HIV바이러스 등이 RNA를 유전 물질로 사용하는 바이러스야.

④ 정자, 난자에서 인간이 되기까지

우리는 세상에서 하나뿐인 존재

 ## 세포와 온라인 게임의 닮은 점

혈액 세포 　　신경 세포 　　근육 세포 　　지방 세포

난자, 정자가 다른 세포와 다른 이유

DNA의 비밀을 알게 되었으니 다시 첫 세포인 수정란 이야기로 돌아가 볼까 해. 수정란에 들어 있는 DNA에 따라서 생물 전체의 특징이 결정되니까, 수정란이 어떻게 만들어지는지 이해하는 것은 매우 중요하거든.

엄마에게서 온 난자와 아빠에게서 온 정자는 우리 몸의 다른 세포와는 다른, 아주 특별한 세포야. 다른 세포들은 염색체가 46개인데 난자와 정자는 그 절반인 23개뿐이야. 모든 세포 중에서 유일하게 난자와 정자만 그래. 그러니까 난자와 정자는 다른 세포들과 비교하면 DNA가 절반밖에 없는 거지.

그 이유는 난자와 정자는 둘이 합쳐져 하나가 되기 위해 만들어진 세포이기 때문이야. 난자와 정자 각각에 절반인 23개의 염색체가 있어야만 나중에 합쳐졌을 때, 즉 수정란이 됐을 때 원래 숫자인 46개가 되니까 말이지!

수정란에 있는 46개의 염색체 중 23개는 엄마로부터, 나머지 23개는 아빠로부터 물려받은 거라는 게 확실히 이해되지? 그래서 우리는 엄마 아빠의 모습을 절반씩 닮은 거야!

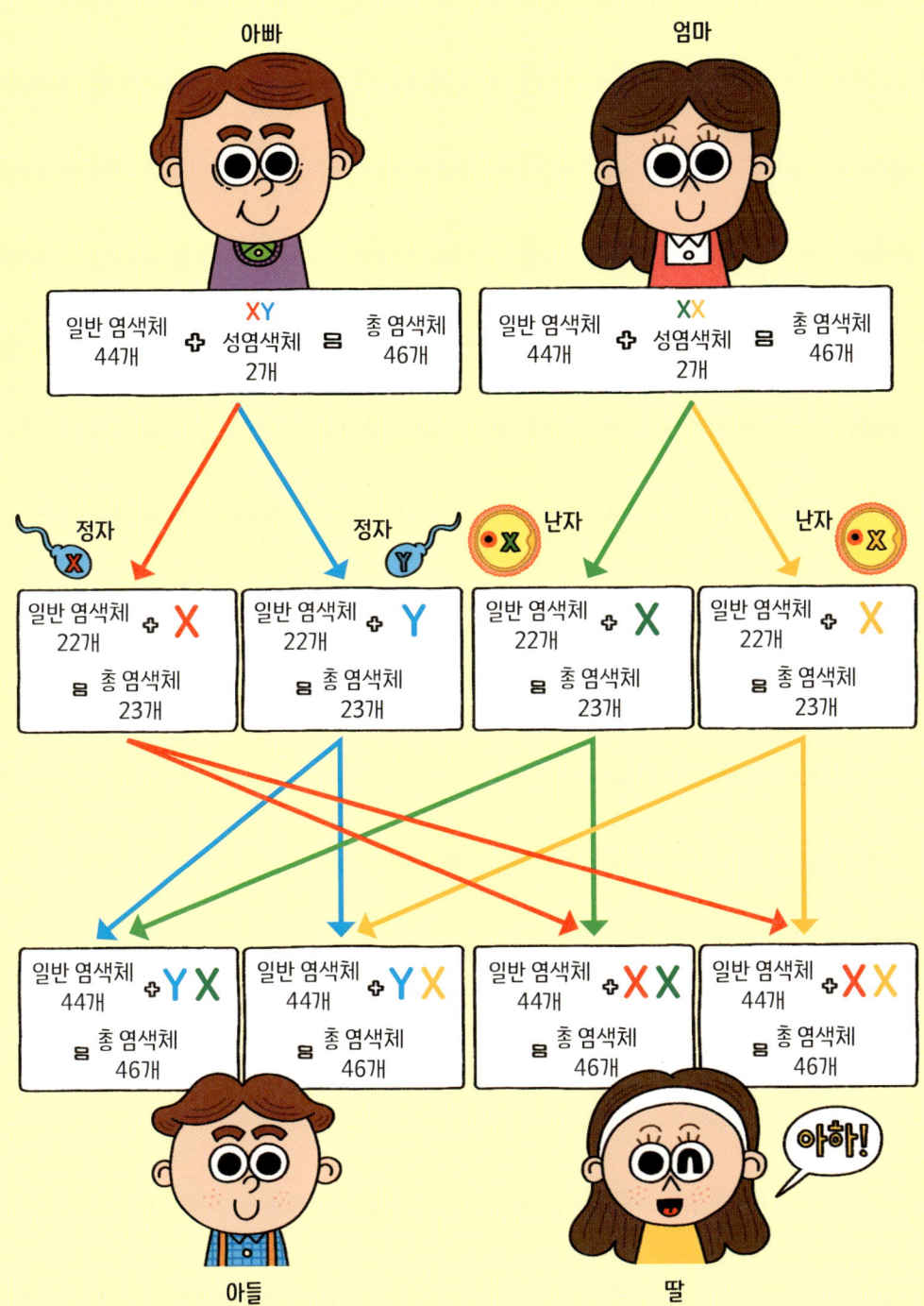

형제자매이지만 다른 이유

 난자와 정자가 만들어질 때, 염색체 수가 46개에서 23개로 줄어드는 것뿐만 아니라 매우 중요한 사건이 생겨. 바로 염색체와 쌍을 이루는 염색체 사이에 무작위로 DNA가 뒤섞이는 거야. 이 결과로 모든 난자와 정자의 DNA는 완전히 똑같지 않고 조금씩 달라져. 이건 매우 중요해. 왜냐하면, 이렇게 뒤섞여야 같은 부모 밑에 태어난 자식이라도 모두 다른 DNA를 가지면서 세상에서 단 하나밖에 없는 존재가 될 수 있거든.

생물의 다양성은 생태계 전체를 위해서도 매우 바람직해. 만약 어떤 종의 DNA가 모두 똑같거나 아주 비슷하다면 어떤 위험이 있을까? 이 생물에게 취약한 질병이 발생하거나, 갑작스럽게 물리적인 환경이 바뀐다면 이 종 자체가 통째로 사라질 수 있어. DNA가 똑같으니 질병에 똑같이 취약하고, 변화에 대응하는 방식도 다양하지 않을 테니까 말이야. 개별 생물 안에 이런 다양성을 일으키는 장치가 달려 있다는 얘기이니, 참 신기하지?

세포 수만큼 DNA도 늘어나

난자와 정자가 만나 수정란이 되면 생물로 성장하기 시작해. 초기에 수정란은 절반으로 쪼개지는 방법을 통해서 숫자를 늘려. 겉으로 보기에는 그냥 절반으로 나뉘는 것 같지만, 사실 세포 내부에서는 매우 복잡한 과정이 일어나고 있어.

여기에서 가장 중요한 과정은 DNA를 복사하는 거야. DNA 안에는 생명체의 모든 정보가 들어 있다고 했잖아? 그 DNA를 고스란히 복사해서 똑같은 걸 하나 더 만드는 거야. 그렇게 한 다음 세포가 절반으로 나뉘지면, 양쪽 세포에는 처음 있던 DNA와 똑같은 DNA가 들어 있게 되는 거지. 세포가 계속 둘로 나뉘지며 숫자를 늘려도 모든 세포에는 처음 수정란에 들어 있던 DNA와 똑같은 DNA가 들어 있어.

이런 식으로 우리 몸의 모든 세포에는 똑같은 DNA가 들어 있어. 우리 몸의 세포 수는 막 태어났을 때는 3조 개, 성인이 되었을 때는 30조 개 정도인데, 이들 모든 세포에 똑같은 DNA가 들어 있다는 거야. 수사 드라마를 보면 범인이 현장에 남긴

머리카락이나 침 등에서 DNA를 감식해 범인을 찾아내잖아? 그건 바로 우리 몸속 모든 세포의 DNA가 똑같기에 가능한 일이야.

세포 분열과 세포 분화

우리 몸에 있는 모든 세포의 DNA가 똑같다는 사실은 당연해 보이기도 하지만, 달리 생각하면 깜짝 놀랄 만한 일이기도 해. 우리는 앞에서 우리 몸의 세포가 얼마나 다양한지를 배웠잖아. 피부를 구성하는 상피 세포와 신경을 구성하는 신경 세포의 모양은 완전히 다르지? 그렇게 모양이 다르고 기능이 다른 세포인데도 설계도는 똑같다는 뜻이니까.

한 개의 세포가 두 개의 세포로 나뉘어 세포의 개수가 불어나는 것을 **세포 분열**이라고 해. 세포가 분열을 거듭해 어느 정도 숫자가 되면, 놀랍게도 세포들은 각각의 역할에 따라 다른 모습으로 변하기 시작해. 이렇게 세포가 특별한 모양과 기능으로 바뀌는 것을 **세포 분화**라고 불러. 세포의 종류에 따라 분화가 여러 번 일어나기도 하지. 일단 분화가 일어나면 세포는 이전의 모습으로 돌아갈 수 없어. 이렇게 세포 분열과 세포 분화를 통해 단 한 개의 세포였던 수정란이 생명체로 바뀌는 전체 과정을 **발생**이라고 불러.

어떻게 심장이 있어야 할 곳에 근육 세포가, 뼈가 있어야 할 곳에 뼈세포가, 척수가 있어야 할 곳에 신경 세포가 정확히 그 자리에 생겨났을까? 심지어 우리 눈의 크기, 코의 높이, 손가락의 길이 등은 어떻게 원래 정해진 대로 자라날까? DNA 안에 그 비밀이 들어 있다는 건 알지만, 어떻게 그게 가능한지까지는 몰라. 우리는 아직 DNA에 대해 극히 일부만 알 뿐이야.

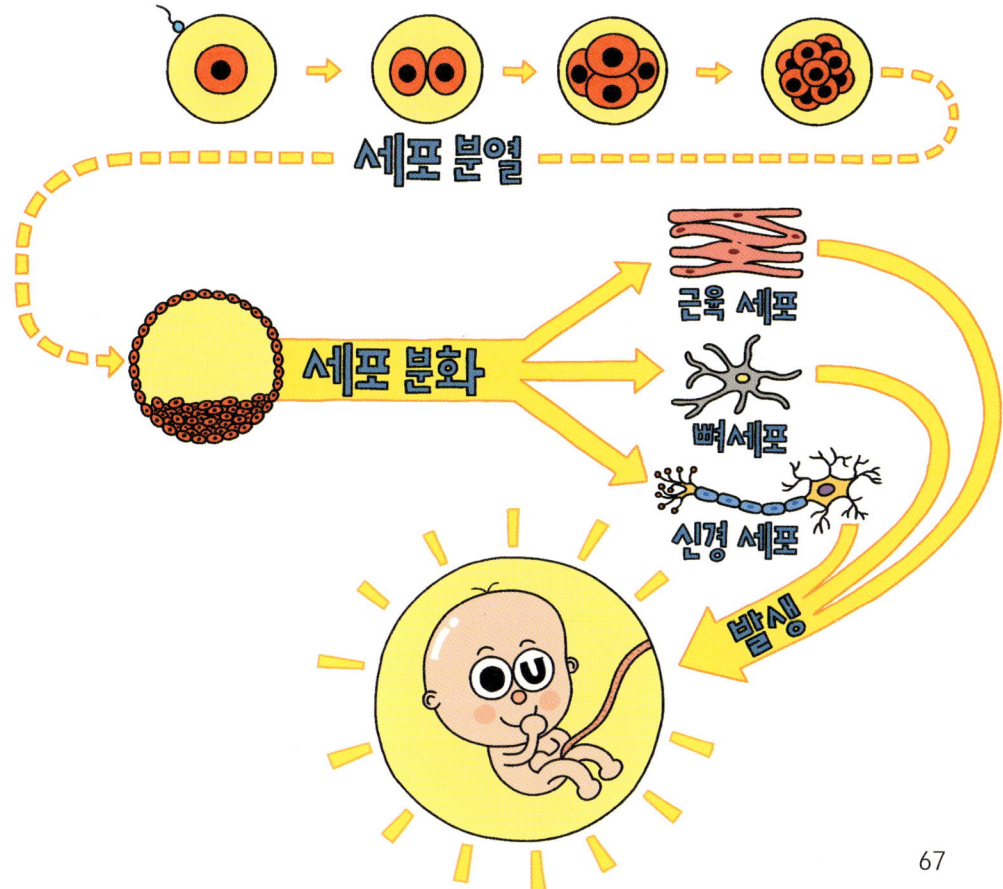

분화가 일어나기 전의 세포

특정 세포로 분화가 된 뒤에는 이전으로 돌아갈 수 없어. 그러니까 근육 세포가 신경 세포로 변할 수 없고, 신경 세포가 뼈 세포로 변할 수 없다는 뜻이야. 그런데 이 말을 바꿔 말하면 분화가 일어나기 전의 세포는 어떤 세포로든 변할 수 있다는 뜻이기도 해. 분화가 일어나기 전의 세포를 줄기세포라고 부르는데, 우리 몸의 어떤 세포로든지 변할 수 있는 세포야.

과학자들은 줄기세포를 미래의 새로운 치료법이라고 믿고 연구하고 있어. 어떤 세포로도 변할 수 있으니까, 만약 신경이 망가져서 마비가 온 사람에게 줄기세포를 주입하면 신경이 회복될 가능성도 있지 않을까? 그럼 치매와 같이 신경 세포가 죽어 생기는 병도 치료할 수 있을지 몰라.

그런데 줄기세포 치료 연구에는 큰 어려움이 있어. '분화되기 이전의 내 세포'를 구할 방법이 없다는 거야. 줄기세포는 내가 태어나기도 전 엄마 뱃속에서 잠시 존재하던 세포이니까, 지금 구하는 건 불가능해. 내가 아닌 다른 사람의 줄기세포는 쓸 수 없어. 우리 몸의 면역 반응이 '내 것이 아닌 세포'는 외부의 적으로 간주하고 죽이거든.

과학자들은 일반 세포를 다시 줄기세포로 되돌릴 방법을 찾고 있어. 만약 이게 가능하다면 지금 불치병이라고 생각하는 질병도 극복할 길이 열릴 거야. 그런데 이게 다가 아니야. 줄기세포를 얻는다면 이론적으로 나와 똑같은 복제 인간도 만들 수 있거든. 줄기세포 연구를 두고 옳은지 그른지 윤리적 논쟁이 벌어지는 이유지.

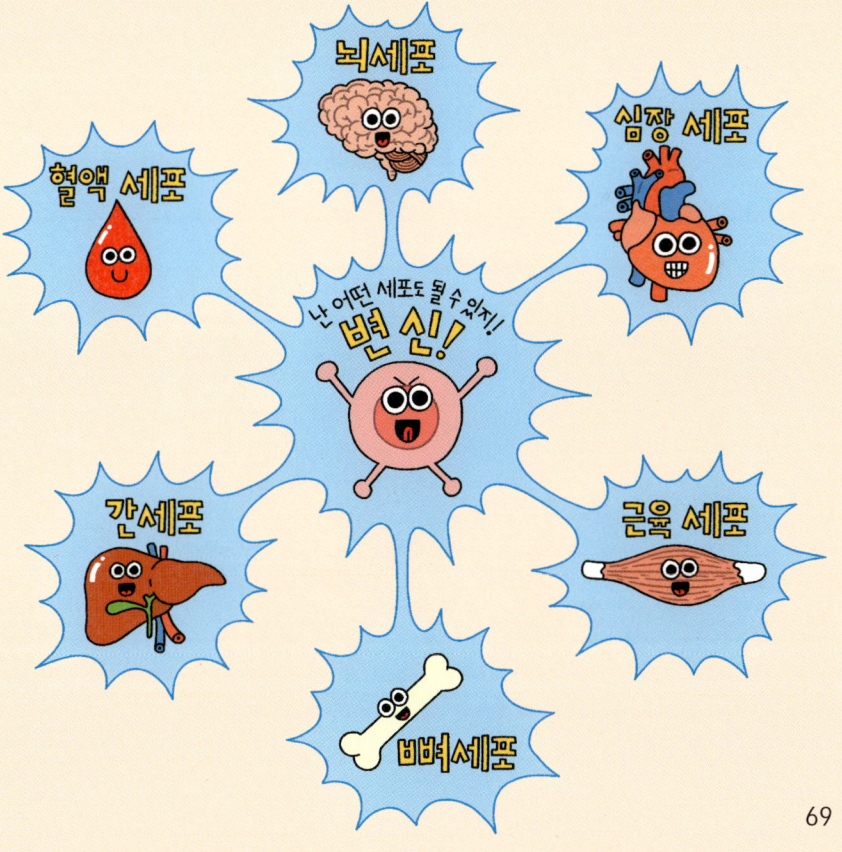

더 알아보기

일란성 쌍둥이의 비밀

"지구상에 나와 똑같은 사람은 없다!" 이 말은 우리의 가치를 잘 드러내는 말이야. 같은 부모에게 태어난 자식도 유전자가 섞이면서 모두 다르게 태어나니까. 그런데 딱 한 가지 예외가 있어. 그건 바로 일란성 쌍둥이야. 일란성 쌍둥이는 외모뿐 아니라 DNA까지 완전히 똑같거든.

일란성 쌍둥이는 하나의 수정란에서 비롯돼

사람의 쌍둥이는 크게 일란성 쌍둥이와 이란성 쌍둥이로 나눌 수 있어. 이란성 쌍둥이는 두 개의 난자와 두 개의 정자가 각각 수정하여 태어난 아이들이야. 서로 다른 난자와 정자는 서로 다른 유전 정보를 가지고 있으니까, 이들은 유전적으로 각기 다른 사람이지.

반면 일란성 쌍둥이는 한 개의 난자와 한 개의 정자가 만나서 만들어진 하나의 수정란에서 비롯돼. 이 수정란이 세포 분열 과정에서 두 개로 나뉘어지며, 마치 각각이 독립된 수정란인 것처럼 자라 일란성 쌍둥이가 되지. 둘로 잘렸는데도 죽지 않고 각각의 생명체로 자라는 건 발생 단계의 세포에서만 찾아볼 수 있는 아주 독특한 현상이야.

일란성 쌍둥이는 동일한 유전 정보를 가졌기 때문에 성별이 같고, 얼굴도 똑 닮았어.

일란성 쌍둥이는 모든 것이 다 똑같을까?

생명체의 설계도가 똑같으니까 똑같은 생명체가 탄생하는 건 당연하겠지? 그러니 일란성 쌍둥이는 유전적으로는 동일한 사람이야. 하지만 일란성 쌍둥이라고 해서 다른 점이 전혀 없는 건 아냐. 우선 생체 인식 수단으로 쓰이는 손가락의 지문과 눈의 홍채가 달라. 지문과 홍채는 유전 정보에 따르지 않고 발생 과정에서 무작위로 생기는 거라서 모두 모양이 다르거든. 그러니까 아무리 일란성 쌍둥이라고 해도 지문으로 설정된 서로의 휴대폰 잠금 장치를 열 수는 없다는 뜻이야.

지문은 엄마 뱃속에 있을 때 생겨. 자궁의 위치와 혈압, 양수 상태, 영양을 받는 속도 등이 다르기 때문에 아무리 일란성 쌍둥이라고 해도 지문은 달라.

일란성 쌍둥이도 점점 달라져

우리 몸은 성장 과정에서 환경의 영향을 받아. 기후나 바이러스, 의식주 등 다양한 외부 자극이 본래부터 가지고 있던 유전자보다 더 큰 영향을 미친다는 의견도 있어. 어린아이일 때는 꼭 닮아 구별하기 어려운 일란성 쌍둥이도 어른이 되면 구별하기 쉬워지는 것도 바로 이런 변화 때문이지. 그러니 "지구상에 나와 똑같은 사람은 없다."는 말은 일란성 쌍둥이에게도 여전히 유효한 말이야.

⭐ 도전! 퀴즈 왕

1. 난자와 정자가 일반 세포와 다른 점을 잘못 설명한 것을 고르세요.

① 난자에는 영양분이 들어 있어서 다른 세포보다 커요.
② 정자는 꼬리가 달려서 움직일 수 있어요.
③ 난자의 DNA는 일반 세포의 절반밖에 안 돼요.
④ 난자는 여성만, 정자는 남성만 만드는 세포예요.
⑤ 정자는 다른 세포와 동일한 DNA를 갖고 있어요.

2. 부모가 같은데 자식마다 모습이 다른 이유를 고르세요.

① 정자와 난자가 만들어질 때 DNA가 무작위로 섞이기 때문이에요.
② 엄마의 뱃속 환경이 서로 다르기 때문이에요.
③ 정자의 이동 속도가 다르기 때문이에요.
④ 수정란이 자라면서 DNA에 변형이 일어나기 때문이에요.
⑤ 정자와 난자의 DNA가 매우 안정적이기 때문이에요.

3. 다음 설명을 나타내는 단어를 쓰세요.

분화가 일어나기 전의 세포로, 과학자들은 이 세포를 이용해 새로운 치료법을 개발할 수 있다고 보고 있어요.

정답 1.⑤ 2.① 3.줄기세포

> 질문 있어요!

세포 분열은 언제까지 일어나나요?

세포가 둘로 나뉘는 현상은 생명체가 성장하고 생명을 유지하는 데 매우 중요한 활동이야. 수정란 하나로 시작했지만 아기가 태어날 때는 약 3조 개 정도로 세포가 많아져. 이후에도 세포는 계속 분열해서 성인이 되면 약 30조 개에 이르러. 세포 분열은 사람이 죽을 때까지 계속되는 거야. 다만 활발하던 세포 분열이 나이가 들수록 줄어들긴 하지.

피부 세포는 자주 분열하는 세포야. 끊임없이 분열하면서 늙은 세포는 죽어 없어지고 새로운 세포로 대체돼. 피부는 햇빛 등 여러 자극으로 망가지기 쉬운데, 이렇게 새로운 세포로 대체되기에 매끈한 모습을 유지할 수 있는 거야.

그런데 모든 세포가 분열하는 건 아니야. 대표적으로 신경 세포는 태어난 이후로 더는 분열하지 않아. 그러니까 뇌세포의 수는 갓난아이나 20대 청년이나 같아. 대체로 20대를 넘어서면 뇌세포 중 일부가 죽어 없어지면서 오히려 뇌세포의 수는 줄어들게 돼.

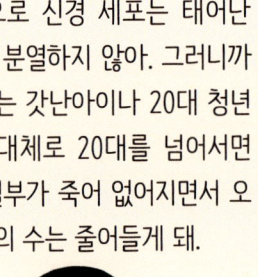

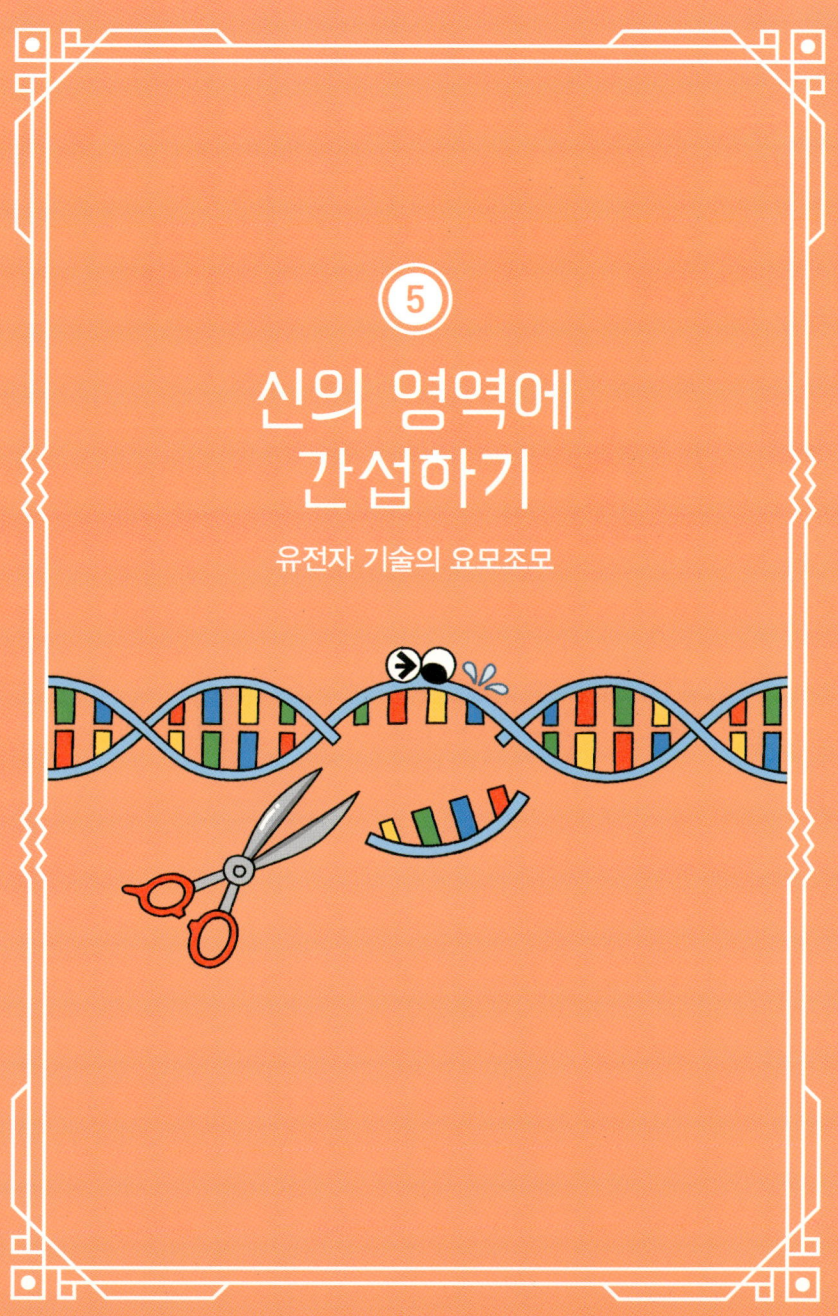

 # 유전자 재조합 기술과 동물 복제

 어느 생물체의 유전자를 분리하고 재조합하여, 새로운 형질을 만들어 내는 기술을 말합니다.

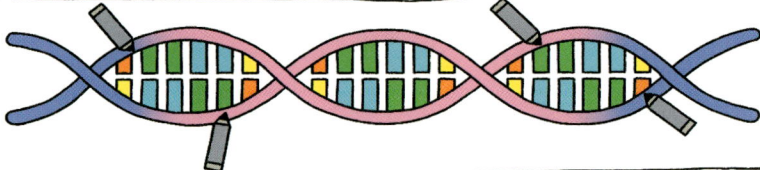

 이 기술이 식품, 환경, 건강 등 여러 분야에서 활용된다고요?

네. 예를 들어 일반 콩의 DNA에 해충에 강한 DNA를 넣으면, 해충에도 잘 견디는 콩이 탄생하지요.

DNA에서 유전자 찾기

아직도 밝혀야 할 생명의 신비가 너무나 많이 남아 있지만, 이미 알고 있는 것만으로도 꽤 많은 일을 할 수 있어. DNA에서 특정 성질을 나타내는 정보를 '유전자'라고 부른다는 거 기억하지? 만약 우리가 원하는 성질을 나타내는 유전자를 찾을 수만 있다면 활용도는 무궁무진하겠지. 그럼 어떻게 특정 성질의 유전자를 찾아낼 수 있을까?

예를 들어 약에도 죽지 않는 대장균이 있다고 하자. 그럼 약의 성분을 견디게 하는 유전자를 어떻게 찾을 수 있을까? 우선 약에 죽는 대장균의 DNA를 모두 분석하고, 약에 견디는 대장균의 DNA를 모두 분석하는 거야. 그다음 두 DNA의 차이가 뭔지 찾아보는 거지. 만약 두 DNA에서 다른 부분이 있다면, 이 다른 부분이 약에 견디는 유전자일 가능성이 높아. 유전자는 결국 단백질을 만드는 설계도이니까, 유전자를 찾으면 약에 죽지 않도록 하는 단백질까지 찾을 수 있는 거지.

과학자들은 이런 식으로 유전자를 하나씩 찾아내기 시작했어. 지금까지 꽤 많은 유전자를 발견했는데, 사람의 경우 유전자의 개수가 총 2만 개 정도라고 추정하고 있단다.

원하는 유전자를 DNA에 넣기

만약 우리가 찾아낸 유전자를 생물의 DNA에 집어넣을 수 있다면, 그 생물의 특징을 바꿀 수 있을 거야.

그런데 DNA는 너무 작아서 칼로 자를 수도 없고, 풀로 붙일 수도 없는데 어떻게 할까? 필요가 있는 곳에 해답도 있는 법! 과학자들은 미생물에서 DNA를 자르는 효소(가위)와 또 잘린 DNA를 다시 붙이는 효소(풀)를 발견했어. DNA를 자르는 효소는 매우 다양한데, 아무 곳이나 자르는 것이 아니라 특정한 염기 서열이 있을 때만 자르는 특징을 갖고 있지.

이들 효소를 사용하면 DNA에서 원하는 부분을 잘라서 다른 생물의 DNA 안에 집어넣을 수가 있어. 이렇게 DNA를 자르고 붙여서 원하는 유전자를 가진 DNA를 만드는 걸 **유전자 재조합**이라고 불러. 새로운 유전자가 들어간 생물은 전에는 없던 성질을 갖게 돼.

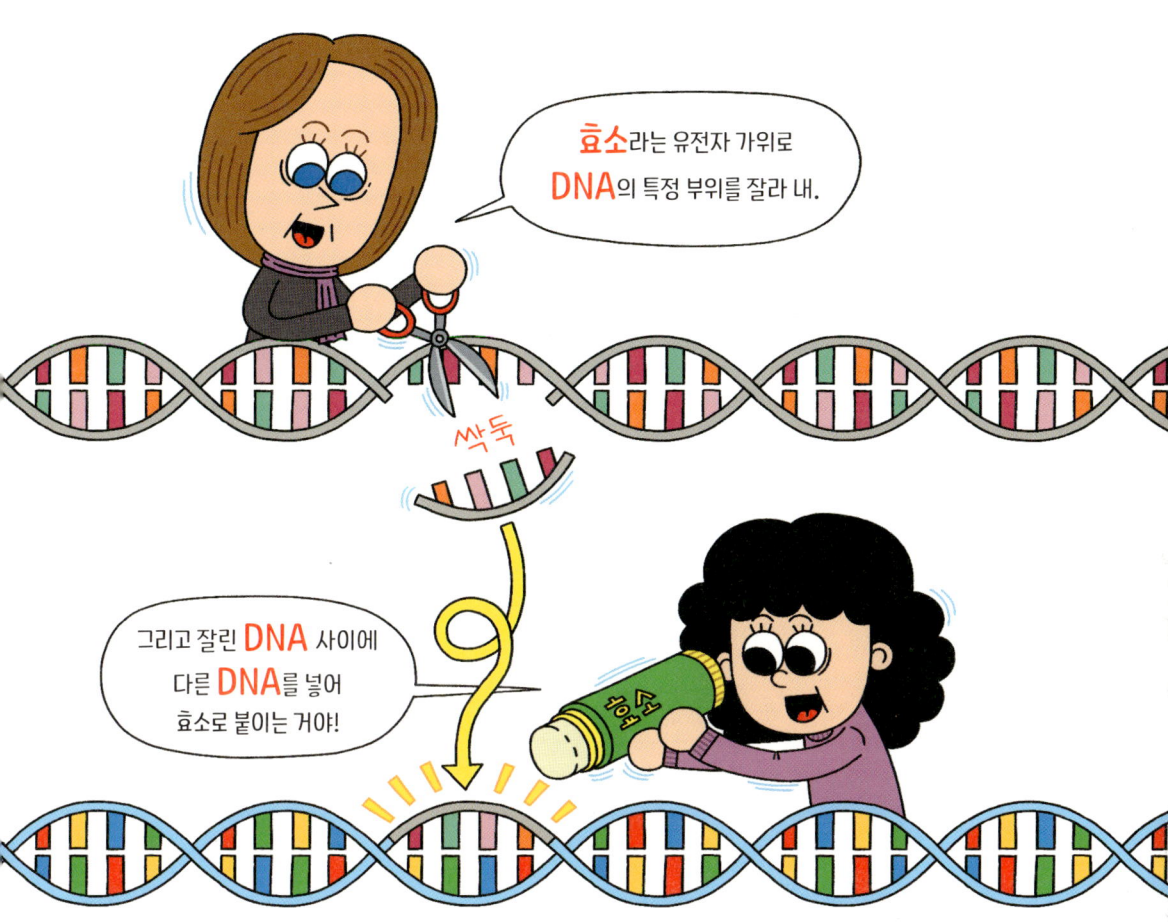

최근에는 미생물에서 찾아낸 DNA를 자르는 효소보다 훨씬 더 정교하게 DNA를 자를 수 있는 기술을 개발했는데, 이를 '크리스퍼'라고 불러. 이 기술을 개발한 두 과학자가 2020년 공동으로 노벨 화학상까지 받았으니, 이름 정도는 기억해 줘.

농작물에 유전자 기술 활용하기

유전자 재조합 기술로 무엇을 할 수 있을까? 가장 먼저 활용한 건 농작물이야. 농부라면 당연히 병충해에 강하고, 열매가 크고, 맛있고, 수확량도 많은 종자가 좋겠지? 예전에 육종을 통해 이런 성질을 가진 농작물을 만들려면 매우 오랜 시간이 필요했지만, 유전자 재조합 기술을 쓰면 빠르고 정확하게 원하는 작물을 만들 수 있어.

이미 옥수수, 콩, 쌀, 밀 등 광범위한 농작물에 이 방법을 적용하고 있는데, 이런 농작물을 유전적으로 변형된 작물이라는 뜻으로 GMO(지엠오)라고 불러.

GMO가 안전한지에 대한 논란은 계속되고 있어. 반대하는 쪽은 자연 상태가 아니라 인간이 인위적으로 유전자를 조작한 농작물은 안전성이 입증되지 않았다고 말해. 또 GMO의 영향은 당장 드러나지 않고 한참 뒤에나 드러날 텐데 그때는 조치하기에 늦으니 애초에 먹지 말아야 한다고 주장하지.

　찬성하는 쪽은 품종을 개량하는 육종학도 넓은 범주의 GMO라서 문제가 되지 않으며, GMO가 세계의 심각한 식량 문제를 해결할 수 있으니 더 늘려야 한다고 주장해.

치료제 생산에 유전자 기술 활용하기

당뇨병은 생체 호르몬인 인슐린 분비에 문제가 있어 생기는 병이야. 인슐린은 우리 몸의 이자(췌장)에서 만드는데, 혈당치를 낮추는 역할을 하지. 호르몬이나 혈당치라는 말을 처음 들어봐서 어렵게 느껴질 수 있는데, 그냥 우리 몸에 꼭 필요한 물질이라고 이해하면 좋겠어. 당뇨병 환자는 인슐린을 주기적으로 주사해야 해. 그렇지 않으면 합병증으로 몸이 망가지니까.

예전에는 인슐린이 매우 비쌌어. 그도 그럴 것이 돼지의 이자에서 액체를 뽑은 뒤 인슐린만 따로 분리해야 했거든. 따라서 인슐린 환자들은 비싼 값을 주고 인슐린을 사야 했고, 그걸 감당하지 못하는 환자는 치료를 포기할 수밖에 없었어. 꽤 오랫동안 당뇨병은 불치의 병으로 인식됐어.

지금은 효모에서 인슐린을 얻어. 미생물의 DNA 안에 인간 인슐린을 만드는 유전자를 넣은 뒤, 대량으로 생산하게 하는 거야. 이전에는 대장균을 이용하기도 했지. 이처럼 유전자 재조합 기술을 사용하면 값비싼 물질을 싸게 얻을 수 있어. 심지어 어떤 약은 자연계에 존재하지 않기 때문에 유전자 재조합 기술이 있어야만 만들 수 있지.

불치병 치료에 유전자 기술 활용하기

유전자 재조합 기술은 의학 기술 발전에도 핵심적인 역할을 해. 예를 들어 예전에 암은 대표적인 불치병이었지만 지금은 아니야. 다양한 치료법이 계속 나오고 있기 때문이지. 모든 세포는 어느 정도 자라면 성장을 멈추는데, 암세포에는 그 멈춤 장치가 망가져 있어. 끝없이 계속 성장하면서 주변 세포를 파괴하기 때문에 생기는 질병이 바로 암이야.

암을 치료하려면 암세포를 죽여야겠지? 암이 덩어리로 존재한다면 수술로 제거할 수 있을 거야. 한편 덩어리로 존재하지

않는 암세포는 방사선을 쪼이거나 약물로 죽여야 하는데, 이때 정상 세포도 함께 죽기 때문에 문제가 돼. 만약 암세포만 특정해서 죽이는 방법만 있다면 암을 완전히 정복할 수 있을 거야. 현재 유전자 재조합 기술로 암세포에만 약물이 달라붙게 하는 기술을 연구하고 있어.

코로나19 백신은 예전 백신 개발 사례에 비춰 볼 때 정말 짧은 기간 내에 개발됐어. 여기에도 유전자 기술이 쓰였지. 만약 현재 치료하지 못하는 질병이 미래에 치료된다면, 그건 유전자 재조합 기술 덕분이라고 봐도 무방할 정도야.

동물 복제에 유전자 기술 활용하기

1996년 세계 최초로 복제 동물이 탄생했어. '돌리'라고 불린 이 양은 난자와 정자가 만나서 탄생한 것이 아니라, 암컷 양 한 마리의 세포에서 탄생했어. 먼저 양의 세포에서 DNA를 분리한 다음, 핵을 제거한 난자에 이식해 수정란을 만들었어. 이 인공 수정란을 다른 양의 자궁에 넣었고, 몸속에서 정상적으로 잘 자라서 새끼로 태어난 거야.

돌리는 체세포를 제공한 양과 유전적으로 똑같아. 마치 일란성 쌍둥이처럼 말이야. 이로써 인간은 똑같은 DNA를 가진 생물을 인공적으로 만들 수 있는 기술을 갖게 됐지. 이후로 생쥐, 토끼, 원숭이 등 20종이 넘는 복제 동물이 만들어졌어.

동물 복제는 과학자들 사이에서 아직 찬반이 나뉘는 연구 분야야. 찬성하는 쪽은 불치병을 치료하는 연구에 도움이 될 수 있고, 이미 멸종한 동물을 되살리는 등 긍정적인 면이 있다고 주장해. 반대하는 쪽은 인간이 개입해서 똑같은 동물을 찍어 내는 행위가 비윤리적이라고 주장하지. 또 동물 복제 기술은 얼마

든지 인간 복제로 이어질 위험이 있거든.

이 복제 기술을 계속 장려해야 할지, 반대해야 할지에 대해 우리도 한번 고민해 보면 좋겠어. 아래 그림을 보면서 찬성과 반대의 의견을 정하고 친구, 가족들과 함께 이야기 나눠 보면 어떨까?

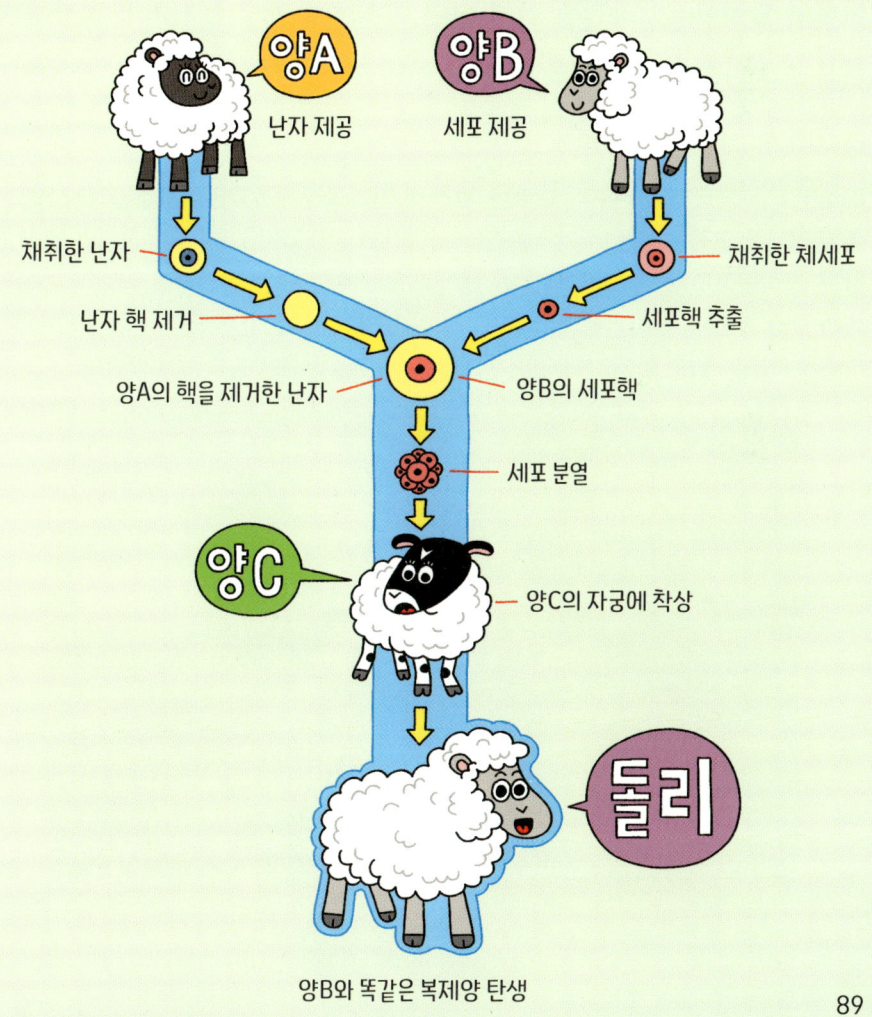

> 더 알아보기

유전자 편집으로 태어난 아기가 있다고?

건강 검진을 할 때 가족이 앓았던 질병을 조사하기도 해. 예를 들어 부모나 조부모가 당뇨, 고혈압 같은 병을 앓았는지 등을 파악하지. 그 이유는 이러한 질병이 유전되어 후손에게도 나타날 가능성이 높기 때문이야. 만약 내 유전자가 자식에게 특정 질병을 물려줄 위험이 크다면 어떨 것 같아? 게다가 그 질병이 생명을 위협하거나 장애를 일으킬 정도로 심각하다면 말이야. 그 사실을 알게 되면 자식에게 해당 유전자가 전달되지 않도록 조치를 취하고 싶을 거야. 그런데 이를 실제로 행한 사례가 있어.

중국의 유전자 편집 아기

2018년 11월 중국의 허젠쿠이 교수는 '후천성 면역 결핍증'이라는 병에 걸리지 않도록 유전자를 교정한 쌍둥이 아기를 탄생시켰다고 발표했어. 아빠의 유전자를 분석한 결과, 자식들이 이 병에 걸릴 위험이 컸기 때문에 이를 없앤 유전자를 넣었다고 설명했지. 이렇게 탄생한 아기를 '유전자 편집 아기'라고 불러. 인간 유전자를 임의로 조작하는 행위는 법으로 금지돼 있어서 허젠쿠이 교수는 3년 징역형을 받았어.

2018년 허젠쿠이가 인간 게놈 편집 회의에서 연설을 하는 모습이야. 그는 2018~2019년에 유전자 편집 아기 세 명을 만들어서 세계적으로 논란이 되었어.

유전자 편집 아기의 문제

인위적인 유전자 편집은 그 결과를 아무도 장담할 수 없기에 위험해. 질병에 걸릴 위험이 있는 유전자만 없앴다고 믿고 싶겠지만, 그 부분을 없애서 생길 수 있는 다른 부정적 영향이 전혀 없다고 장담할 수 없거든. 우리가 생명에 대해 아는 건 극히 일부분일 뿐이야. 한 사람의 인생이 걸린 문제인데 시술한 과학자가 모든 걸 책임질 수 있을까?

그리고 마음대로 유전자를 조작해서 아이를 낳는 게 허용된다면, 비슷한 특징을 가진 개성 없는 사람들만 태어나게 될 거야. 그리고 이들은 공통으로 취약한 약점을 가질 가능성도 높아. 만약 이들에게 치명적인 질병이 돌면 한꺼번에 생명이 위험해질 수도 있지. 생태계가 건강해지려면 복잡하고 다양해야 해. 유전자 편집 아기는 인간의 다양성을 해치는 수단이 될 수 있단다.

우리가 유전자를 편집하거나 재조합하는 기술로 수많은 이득을 누리고 있는 건 사실이지만, 이 기술을 인간에게 적용하는 일은 너무나 위험해. 그래서 많은 나라에서 법을 통해 엄격히 금지하고 있는 거야.

⭐ 도전! 퀴즈 왕

1. 다음 설명을 나타내는 단어를 쓰세요.

> DNA를 자르고 붙여서 우리가 원하는 유전자를 만드는 기술.

2. 세균에서 항생제에 견디는 유전자를 찾는 방법을 고르세요.

① 항생제에 견디는 세균과 죽는 세균의 DNA를 비교해서 다른 점을 찾아요.
② 항생제에 살아남은 세균에서 DNA를 뽑아내요.
③ 항생제에 죽은 세균에서 DNA를 뽑아내요.
④ 항생제를 계속 투여해서 세균의 DNA를 바꿔요.
⑤ 특정한 성질의 유전자를 찾는 방법은 없어요.

3. 유전자 재조합 기술로 할 수 없는 것을 고르세요.

① 좋은 성질을 가진 농작물을 만들어요.
② 좋은 성질을 가진 동물을 만들어요.
③ 생물이 만드는 유용한 물질을 대량으로 만들어요.
④ 새로운 플라스틱을 만들어요.
⑤ 새로운 약을 개발해요.

정답 1. 유전자 재조합 기술 2. ① 3. ④

질문 있어요!

인간 복제가 현실이 되면 무서울 거 같은데, 왜 연구하는 거예요?

동물 복제가 성공했다면, 인간 복제도 비슷한 방법으로 가능하지 않냐고? 인간 수정란의 특징 탓에 아직은 불가능하다고 알려졌지만, 만약 연구를 본격적으로 하면 이 문제도 해결할 가능성이 높지.

그러나 인간 복제는 윤리적으로 너무나 큰 문제를 갖고 있어. 나와 똑같은 인간을 무한정 만들 수 있다고 생각하면 정말 끔찍하겠지. 그래서 많은 나라가 인간 복제를 법으로 엄격히 금지하고 있어. 우리가 위험한 기술을 제대로 통제하지 않는다면 인류에게 큰 해로 돌아올 거야.

그럼 과학자들은 왜 이렇게 위험한 기술에 관심을 가질까? 그건 배아 복제가 4장에 언급한 줄기세포를 얻는 가장 확실한 방법이기 때문이야. 줄기세포는 불치병을 치료할 강력한 수단이라 포기하기 어려워. 다행히 이 방법 외에 줄기세포를 얻을 수 있는 연구가 진행되고 있어. 더 좋은 기술로 문제를 해결할 수 있기를 기대해 보자.

• 사진 제공_ 연합뉴스, Wikipedia, shutterstock

글쓴이 김정훈

카이스트(KAIST)에서 생물학으로 석사 학위를 받았다. 동아사이언스에서 과학 기자로 활동했고, 그 뒤 다양한 소프트웨어 융합 교육 서비스를 만들고 있다. 지은 책으로 『과학은 쉽다 2 생물의 분류』, 『과학은 쉽다 3 우리 몸의 기관』, 『맛있고 간편한 과학 도시락』, 『찌릿찌릿 내 몸 시그널』 등이 있다.

그린이 박우희

대학에서 시각디자인을 전공하고 한국일러스트레이션학교(HILLS)에서 그림책을 공부했다. 두 아이를 키우며 재미있는 그림을 그리려 노력한다. 쓰고 그린 책으로 『산타봇-O』, 『괴물들이 사라졌다』가 있고, 그린 책으로 『민주주의가 왜 좋을까?』, 『안전, 나를 지키는 법』, 『깜깜 마녀는 안전을 너무 몰라』, 『하루 물리』, 『악당 우주 돼지가 수상해』 등이 있다.

10 유전과 DNA

과학은 쉽다!

1판 1쇄 찍음 2025년 4월 10일
1판 1쇄 펴냄 2025년 4월 24일
글 김정훈 **그림** 박우희
펴낸이 박상희 **편집장** 전지선 **편집** 이요선, 송재형 **디자인** 이슬기
펴낸곳 (주)비룡소 출판등록 1994. 3. 17(제16-849호)
주소 (06027) 서울시 강남구 도산대로1길 62 강남출판문화센터 4층
전화 02)515-2000 **팩스** 02)515-2007 **홈페이지** www.bir.co.kr
제품명 어린이용 반양장 도서 **제조자명** (주)비룡소 **제조국명** 대한민국 **사용연령** 3세 이상

ⓒ 김정훈, 박우희, 2025. Printed in Seoul, Korea.

ISBN 978-89-491-8937-6 74400/ 978-89-491-8927-7(세트)